【図解】
「お客様の声」を生かす
シックスシグマ
営業・サービス編

眞木和俊 監修
ダイヤモンド・シックスシグマ研究会 編著

ダイヤモンド社

SIX SIGMA 6σ

目次

序章 シックスシグマへの招待 ———————————— 1
1 はじめに◉シックスシグマは会社を変える………2
2 聖域なき改革って?◉主役は事務系(間接)部門の皆さん………4
3 シックスシグマのおさらい◉合い言葉は「Enjoy Your Project!」………6
4 本書の使い方◉シックスシグマを自由自在に………8

第1章 入門編……いつでもどこでもシックスシグマ ———— 15
社内業務を快適に

1 業務改革というけれど◉身近なテーマにアプローチ………16
2 集めたのは誰の声?◉問題点を集約するには………18
3 重要度合いは目で見せる◉パレート図に投影しよう………20
4 本当の問題はどこにある?◉データを集めよう………22
5 集めたデータを分析しよう◉数値データの視覚化………24
6 プロセスをよく見よう!◉結果には必ず原因がある………26
7 結果を変えたければ、まずプロセスを変えよう◉プロセス管理の考え方………28
8 継続できることが成功の証◉シックスシグマは"究極の変革手法"………30

第2章 初級編……お得意様を囲い込め ———————— 33
ナンブ百貨店外商部、存亡の危機!?

1 エッ、外商部がなくなる!?◉もう一度冷静に考えよう………34
2 検討のシナリオを考えよう!◉取り組むテーマの目標設定………36
3 ところで、「お得意様」って?◉共通言語は言葉の定義から………38
4 曖昧な数値は誤解のもと◉データが示してくれること………40
5 お得意様を増やすには◉仕組みを見抜く視点が大切………42

- 6 多少の変動にはあわてずに●データは長期的に収集しよう………44
- 7 お得意様減少の元凶をつかめ●データによって、KKD判断の弊害を回避する………46
- 8 データを使った課題の見せ方●経営者レビューに臨む………48
- 9 お得意様のニーズをつかめ●社内データを共有化する………50
- 10 お得意様への拡販余地はあるのか?●データこそ説得力の要………52
- 11 管理の基本はシステム化●効率的な情報共有………54
- 12 人材も育つシックスシグマ●取り組み体制を整えよう………56

第3章 中級編 その1……みんな、会議が大嫌い
会議、会議じゃ仕事ができない!? ──── 59

- 1 もっと、お客様と接したい●熱血営業マンの悩みとは………60
- 2 きっとどこかにムダがある●COPQのお話………62
- 3 広く周りに耳を傾けよう!●問題点を明確に絞り込む………64
- 4 会議を測る尺度って、何?●会議目的の達成度合いを定量化する………66
- 5 だけど、やっぱりコストが知りたい●会議のコストと目的達成度合いの関係………68
- 6 営業部での会議の実態●これまでのデータを見直そう………70
- 7 どこに向かって進もうか?●目標をメトリクスで設定する………72
- 8 ワイワイ、ガヤガヤ考えよう●メンバーみんなで具体案をまとめる………74
- 9 提案を試してみたら●試験的運用のススメ………76
- 10 データを持って社長と勝負!?●全社展開のもくろみ………78
- 11 さらなる改革の継承者●真のテーマはCOPQ削減………80

第4章 中級編 その2……ゴルフ場経営も楽じゃない
シグマカントリークラブの試み ──── 83

- 1 支配人の悩み●侮れないのはマスコミの評価………84
- 2 失われた経営指標●シグマカントリークラブの評価基準を決めよう………86
- 3 お客様の本音を聞きたい〈I〉●顧客アンケートの設計………88

4	お客様の本音を聞きたい〈Ⅱ〉●調査対象と実施スケジュール	90
5	お客様の本音を聞きたい〈Ⅲ〉●設計図に沿ってアンケート用紙を作る	92
6	お客様の本音を聞きたい〈Ⅳ〉●顧客アンケートの実施結果	94
7	VOCと経営課題の接点●品質機能展開（QFD）で考える	96
8	顧客ニーズを目で見るためには●顧客ニーズマップを作ろう	98
9	投資の決め手は顧客満足度向上●VOCから投資対象を絞り込む	100
10	One of them から Only one へ●選ばれる要因xを見つけ出す	102
11	試してみなければわからない●実験で試してみよう	104
12	どちらがいいのか、よく考えてみよう●要因を微調整する	106
13	やはり最後は支配人の決断●変えるも、変えないも決断次第	108

第5章 上級編……待たされるのはまっぴらごめん
シグマバンク新橋支店の挑戦 — 111

1	経営者の想いを伝えたい●誰のための銀行?	112
2	いろいろな課題を目で見たら●課題のブレイクダウン	114
3	本当のお客様は誰だろう?●VOCからわかること	116
4	使える銀行になるために●本社と支店の役割分担	118
5	組織の目標が決まるまで●課題に対する目標設定	120
6	お客様の声をもう一度●CTQを選び出す	122
7	そのプロセスは目で見える●まずは、プロセスマップを作ろう	124
8	計測できるものから始めてみよう●大切なのは定量性	126
9	数字だけではわからない●平均とバラツキを目で確かめる	128
10	比較できるのが分布の取り柄●目標を決めるベンチマーキング	130
11	メンバーの意見はみんなの財産●ブレーンストーミングのまとめ方	132
12	変革のヒントはプロセスにある●Vital Fewを見つけ出せ	134
13	急がば回れのアプローチ●柔軟性こそシックスシグマの信条	136
14	変えっぱなしはケガのもと●効果の確認を忘れずに	138
15	お待たせしませんシグマバンク●プロセス変われば、システム変わる	140
16	その後のシグマバンク新橋支店●最終評価の方法	142

終章 初心者のためのシックスシグマ質問箱 —————147

- 1 「シックスシグマ」って何?………148
- 2 いったい誰が参加する活動なの?………149
- 3 本当にお金になるの?………150
- 4 シックスシグマの共通語とは?………151
- 5 DMAICとMAICの違いは?………152
- 6 統計が出てこないシックスシグマ?………153
- 7 データが集まらない………154
- 8 各ツールの使い方がわからない………155
- 9 他の改善手法とどこが違うの?………156
- 10 穴埋め式問題解決にできないの?………157

監修者あとがき………158

※おことわり………本書に登場する企業および人物は、架空のもので実在いたしません。

序章

▼

シックスシグマ
への招待

序章 ● シックスシグマへの招待

1 はじめに

● …シックスシグマは会社を変える

「会社を変える」というのはどういうことなのでしょうか?

それは企業が競争に打ち勝ち、生き残るために避けて通れない宿命といえます。

まずは経営トップが「変える」と言い出さなければ始まりませんが、ただやみくもに「変える」と言っても誰もついてきませんよね? 確かに手っ取り早くやりたければ、お金をつぎ込んで設備や人を入れ替えれば済むかもしれませんが、それは単なる無駄遣いかもしれません。

仕事のやり方にも「クオリティ(質)」があります。クオリティをよくするためには、知恵と工夫と努力が不可欠なのです。そしてシックスシグマは、その知恵と工夫と努力を非常に効率的に成果に結びつけるための考え方なのです。

前著『[図解]コレならわかるシックスシグマ』の目的が「シックスシグマに触れる」ことだったとすれば、今回は「シックスシグマを使ってもらう」ことにあります。それもメーカーが得意とする QC 活動[*1]としてではなく、営業や総務など事務系(間接)部門の皆さんにも「お手軽に使えるツール」として活用してもらえるよう、簡便なケースでわかりやすく解説してみました。

シックスシグマは、その考え方とちょっとしたコツさえのみ込んでいただければ、決して難しいものではありません! もちろんシックスシグマを使えば、すべてがうまくいくというわけではありませんが、シックスシグマを使えば、いろいろな問題が解けるようになります。本書は、そのためのガイドブックとお考えいただければ幸いです。

ステップを 1 段ずつ上っていけば、たとえエベレストだって、全社改革だって怖くはありません。

さあ、シックスシグマへの一歩を踏み出そうではありませんか!

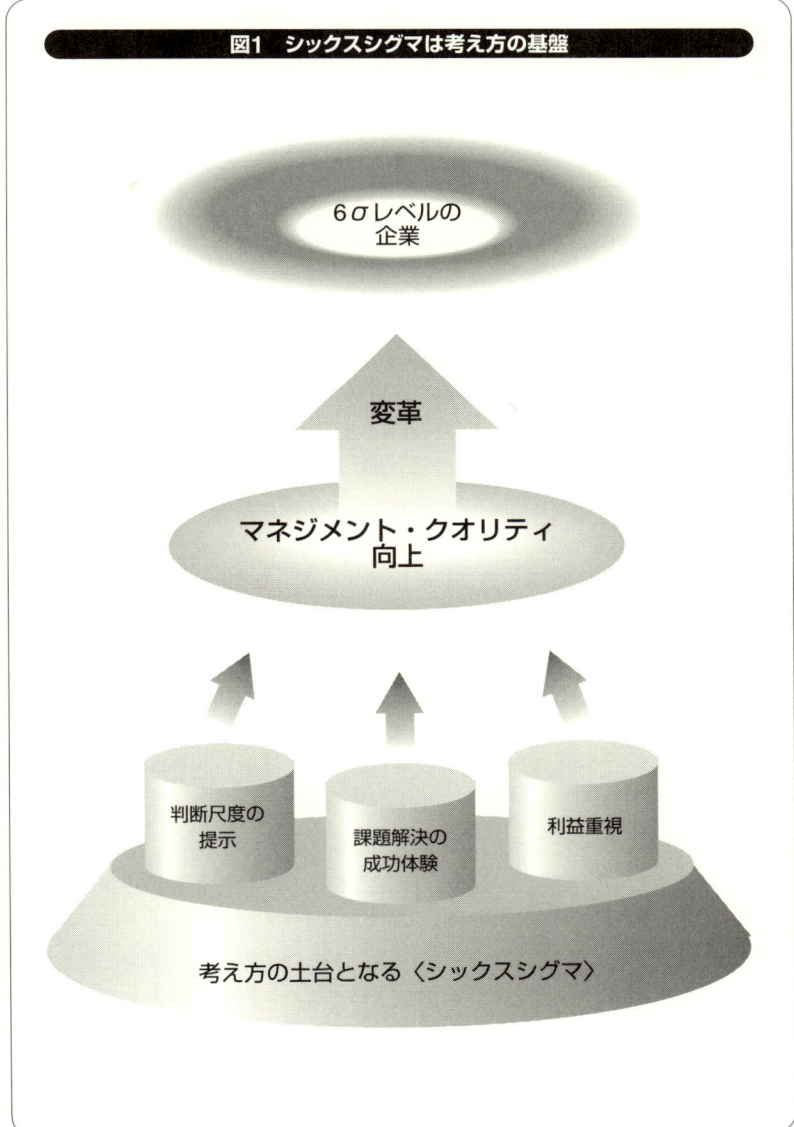

2 聖域なき改革って？

●‥‥主役は事務系（間接）部門の皆さん

　私たちは、文系ガチガチの事務畑の方であっても使ってもらえるシックスシグマを目指しています。いま、会社を変えていけるのは、ほかの誰ならぬ皆さんご自身なんですから。そんな皆さんにとってシックスシグマは頼もしい助っ人となってくれるでしょう。

　シックスシグマが会社を変えるための手段だとしたら、社内に聖域は存在しません。たとえ秘書室であろうと、経理部門であろうとそこに「仕事」がある限り、非効率なプロセスにはメスを入れる必要があります。もちろん、改革の目をかすめて、コソコソ隠れている……などというのは言語道断です。

　皆さんが自分たちのお客様のことを考え、その声に耳を傾けて改革のヒントを発見することこそが、シックスシグマの始まりなのです。

　シックスシグマは、単なる方法論というよりも「Way of Thinking（考え方）」というほうがふさわしいと考えます。難しい数式や型にはまったツールをあてはめるのではなく、みんなでデータを集めて、議論して、考えて、解決案を検証することを徹底的に実践していくことに価値があるのです。

　私たちから見れば、事務系（間接）部門は「非効率なプロセス」の宝庫、むしろ改革によって利益を生み出す可能性が非常に大きいところといえます。それにもかかわらず、自分自身で自律的に改革を実現していくうまい手だてがあまりにも少なかったこともまた事実でしょう。仕事において最も大きなバラツキを持つ人間の判断をどうやって的確にコントロールするかが、企業生き残りのための至上命題なのです。

　ぜひ、シックスシグマを使ってみてください。少なくともKKD（勘と経験と度胸）のみに頼った問題解決の方法より、はるかに説得力のある解決策を見出せることをご理解いただけると思います。

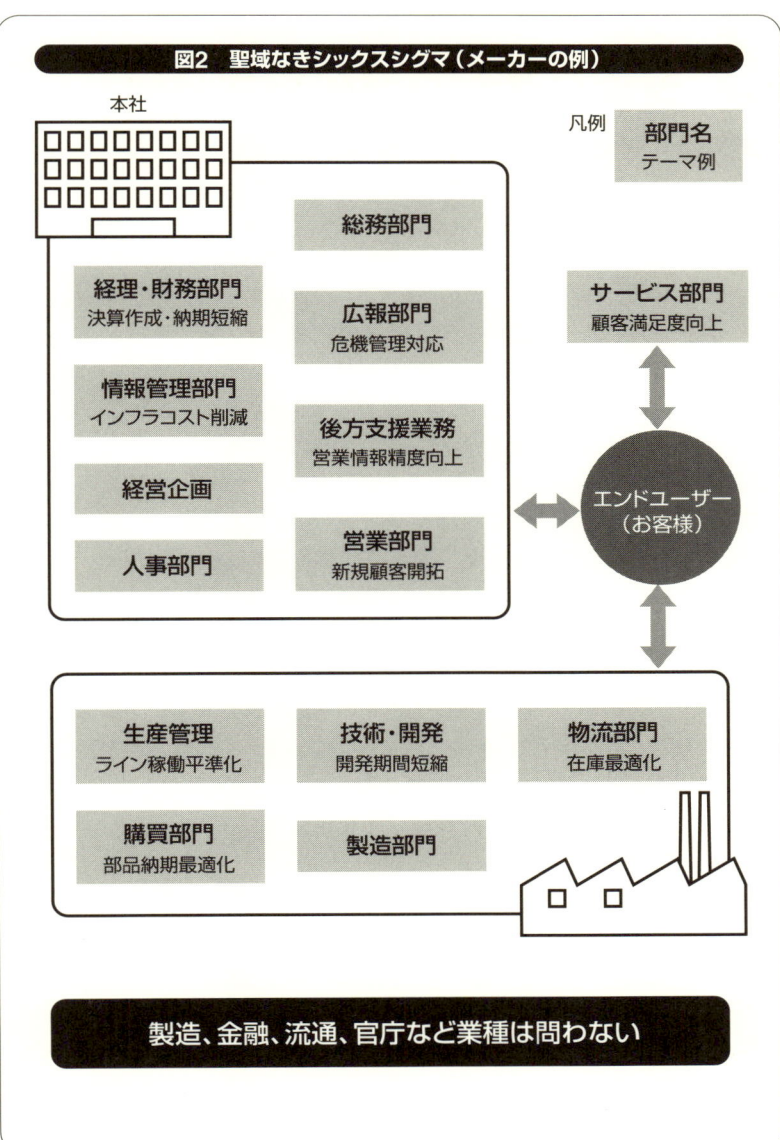

序章 ● シックスシグマへの招待

3 シックスシグマのおさらい

● ‥‥合い言葉は「Enjoy Your Project !」

　少し、おさらいをしてみましょう。
　前著でも述べた通り、シックスシグマを取り入れた企業では「ブラックベルト[*2]」と呼ばれるリーダーが、さまざまなツールを使いこなすことによってチームメンバーと一緒にプロジェクトを遂行します。ところで、これらのツールは、特別な能力がなければ使いこなせないという代物ではありません。大概のツールは、パソコンがあれば大丈夫です。むしろツールを知っていれば、恐れることは何もないだけのことで、本当に重要なのは、プロジェクトを仕切るリーダーとしての"判断力"です。
　ブラックベルトはトレーニングによって、状況に応じていかにツールを使い分けるかを習得します。QC7つ道具[*3]にしろ、統計ツール[*4]にしろ、その使い方を知らなければ無用の長物にすぎません。
　これらは仕事の質を向上させていくための基本的なテクニックともいえます。
　シックスシグマでは、最低条件としてそれらのテクニックを要求しているだけであって、本来メンバーがやらなくてはならないことは、知恵を結集して「実際にやってみる」ことなのです。ここでは机上の空論は、なんら意味を持ちません。実際に「変えてみる」ことに挑戦していかなければ、何も変わらないのですから。
　そこでプロジェクト責任者である「チャンピオン[*5]」の出番がやってきます。ここ一番で大胆な改革のためには、彼らのバックアップなくしては、いくら優秀なブラックベルトといえども頓挫してしまいます。
　GE[*6]では、ブラックベルトになるとトップから表題にある合い言葉「Enjoy Your Project !」が送られてきます。各ブラックベルトが前向きな開拓者でありつづけるということがこのメッセージに込められた思想なのかもしれません。

図3　シックスシグマで使うさまざまなツール

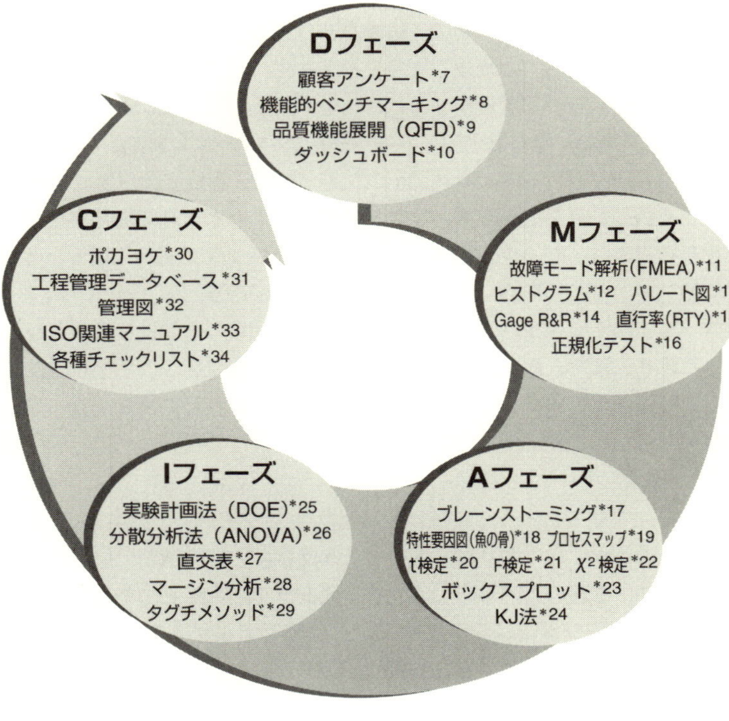

Dフェーズ
- 顧客アンケート[*7]
- 機能的ベンチマーキング[*8]
- 品質機能展開（QFD）[*9]
- ダッシュボード[*10]

Mフェーズ
- 故障モード解析(FMEA)[*11]
- ヒストグラム[*12]　パレート図[*13]
- Gage R&R[*14]　直行率(RTY)[*15]
- 正規化テスト[*16]

Aフェーズ
- ブレーンストーミング[*17]
- 特性要因図(魚の骨)[*18]　プロセスマップ[*19]
- t検定[*20]　F検定[*21]　χ^2検定[*22]
- ボックスプロット[*23]
- KJ法[*24]

Iフェーズ
- 実験計画法（DOE）[*25]
- 分散分析法（ANOVA）[*26]
- 直交表[*27]
- マージン分析[*28]
- タグチメソッド[*29]

Cフェーズ
- ポカヨケ[*30]
- 工程管理データベース[*31]
- 管理図[*32]
- ISO関連マニュアル[*33]
- 各種チェックリスト[*34]

**しかしながら重要なことは
ツールを覚えることではありません。**

＊ それぞれのツールについては章末の用語解説（10ページ）をご参照ください。

序章 ● シックスシグマへの招待

4 本書の使い方

● ……シックスシグマを自由自在に

　使い方というほど大げさなものではありませんが、ケース解説に移る前に少しこの本の説明をしておきましょう。
　本書はシックスシグマを理解するための参考書としてお使いいただけるよう、（独断で決めた）難易度別のストーリー形式のケースで解説しています。
　ケースは全部で5つあります。特に内容的なつながりはありませんので、どこからお読みいただいても構いません。後にいくほど徐々に難易度が高くなるかもしれませんが、シックスシグマをフルスペックで使いこなそうと思うのであれば、ぜひ目を通していただきたいと思います。
　各ケースに出てくる主なツールは、それぞれ最初のページにリストアップしてあります。また、用語については各章の最後に解説をつけてあります。
　すでに前著の中で説明した内容についても、必要に応じて再度解説してありますが、併せてご覧いただければ、より一層のご理解に役立つものと思います。

　結論からいえば、このようなストーリーを皆さんの日常業務に展開していただくことが、本書の目的であり、シックスシグマの本質でもあるのです。
　私たちが考えるシックスシグマは、より柔軟でアクティブで効果的です。そこには形式主義や官僚組織を打ち破るパワーが秘められていると信じます。
　とにかく読み進んで、一緒に考えてみていただければ幸いです。

図4 普段の仕事でシックスシグマ

どうやって解決すれば
いいんだろうか？

シックスシグマを使えば

KKDではなくて、まずデータ

DMAICの順に調べていこう！

ひとりじゃなくチームでトライ

プロセスをしっかり把握しよう

> 序章の用語解説

＊1 QC活動
品質管理（Quality Control）活動。戦後、日本製品を世界トップレベルの水準に向上させる原動力となった現場主導の改善活動。

＊2 ブラックベルト
シックスシグマ・プロジェクトのリーダー。原則としてシックスシグマ以外の業務を持たない専任者で、「変革請負人」（チェンジ・エージェント）とも呼ばれる。

＊3 QC7つ道具
QC活動で使われる7種類のツール。特性要因図、パレート図、グラフ、チェックシート、ヒストグラム、散布図、管理図のことを指す。

＊4 統計ツール
多くのデータをさまざまな角度から統計的に分類し、その傾向や性質を定量的かつ視覚的に表現していくためのツール。

＊5 チャンピオン
シックスシグマ・プロジェクトの責任者。プロジェクトテーマの選定や活動をスムーズに進めるために活動の障害を取り除くのが主な役割。

＊6 GE（ゼネラル・エレクトリック）
売上約1300億ドル（2000年度）の巨大かつ高収益企業。シックスシグマの成功をはじめとして、同社の動向は世界中の企業経営者の注目を集める。

＊7 顧客アンケート
シックスシグマ・プロジェクトで活用されるデータ収集方法の1つ。

＊8 機能的ベンチマーキング
さまざまな比較を行なうベンチマーキングにおいて、特に機能面に着目して実施されるベンチマーキングを指す。

＊9 品質機能展開（QFD）
市場や顧客のニーズを技術分野に伝達するための手法の1つ。品質表とも呼ばれる。

＊10 ダッシュボード
あるプロセスの状態を評価する指標を数値やコメントとともに見やすくまとめたもの。

＊11 故障モード解析（FMEA）
潜在化している問題を発見、解決の優先順位を決めるための分析手法。

＊12 ヒストグラム
データをある範囲ごとに区切り、その範囲にあるデータ数をグラフ化したもの。度数分布ともいう。

＊13 パレート図
データを件数や金額などの種類別に分けて、大きい順に並べグラフ化したもの。重点化手法として知られており、ABC分析とも呼ばれる。

＊14 Gage R&R
測定方法の正確さを検証し、それが維持されるかどうかを確認するための手法。

＊15 直行率（RTY: Rolled Throughput Yield）
複数のステップからなるプロセスで、すべてのステップを正しく通ることができた製品やサービス、業務の比率を示す。

＊16 正規化テスト
収集したデータの母集団が「正規分布している」（＝標準データとして活用できる）かどうかを評価する方法。

＊17 ブレーンストーミング
アイディア創出を目的とした会議のやり方。目的や対象を絞って参加メンバーに自由に発想させる。

＊18 特性要因図（魚の骨）
問題となっている事象（特性）とそれに影響を与えている要因を魚の骨のような体系でまとめたもの。QC7つ道具の1つ。

＊19 プロセスマップ
業務や事業の流れをフローチャートで示したもの。

＊20 t検定
複数のデータグループの平均値が「同じであるかどうか」を判断するための統計手法。

＊21 F検定
複数のデータグループの分散（バラツキ度合い）が「同じであるかどうか」を判断するための統計手法。

＊22 χ^2検定（カイ二乗検定）
対象データの分布がどのような分布と一致しているのかを評価するための統計手法。

序章の用語解説

＊23 ボックスプロット
ヒストグラムを簡略化して、データのバラツキや最小値、最大値などが一目でわかるようにグラフ化したもの。

＊24 KJ法
アイディアなどの定性情報をいろいろなくくりでグループ化を繰り返すことによって、構造や問題を整理していく方法。考案者川喜田二郎氏の名に由来。

＊25 実験計画法：DOE（Design Of Experiment）
たくさんある要因を絞り込むための手法。ある考え方に基づいた実験を計画的に実施することで、最適な要因を効率的に探し出すことができる。

＊26 分散分析法（ANOVA）
2つ以上のデータグループの特性差を比較し優先順位をつけるための手法。

＊27 直交表
DOEを実施する際に、実験回数をなるべく少なく、かつ適切な答えを導くための実験条件を割り付ける表のこと。

＊28 マージン分析
マージンを増やすために、どのような収入の流れ、仕組みであるかを検討するための分析手法。

＊29 タグチメソッド
田口玄一博士によって提唱された品質工学の手法。

＊30 ポカヨケ
無意識のうちに人間が起こすミスをポカと呼ぶ。このポカが起きないようにシステムで対応することを指す言葉。

＊31 工程管理データベース
特に生産場面において、製造の進捗管理に関するデータを収集、蓄積したデータベースのこと。

＊32 管理図
あるデータの変化が正常であるかどうかを管理するために作成される。

＊33 ISO関連マニュアル
ISO（9000）とは、組織の品質保証システムを認証する国際規格。業務プロセスを明文化し、その手順が記載されているマニュアル。

＊34 各種チェックリスト
プロジェクト推進に必須となる活動項目や収集するデータ項目をリスト化したもの。

第1章

【入門編】
いつでもどこでも シックスシグマ
―― 社内業務を快適に ――

まずは、どこにでもあるような日常的で
身近な問題を取り上げてみましょう。
チリも積もれば、大きな損失かもしれませんよ。

● ここで使うツール ●
パレート図
一般常識（と呼ばれるもの）

1 業務改革というけれど

◉…身近なテーマにアプローチ

「最近、会社も厳しいらしくて、なにかにつけ業務改革なんていわれるんだ……」こんな嘆息が聞かれるようになって久しい今日このごろですが、いまひとつピンとこないというのが実感ではありませんか？ 偉い人たちが「経営課題」などと振りかざしても、なんのことやら、♪ヒラ社員の気楽な身にはどこ吹く風よ～とばかりに会社生活を謳歌している方もいらっしゃるかもしれませんね（もっとも、本書の読者は別でしょうが）。

しかし、社員にとって「経営」とは「日々の仕事」であり、「課題」とは「そこで発生するさまざまな問題点」なのです。そして、これらをキャッチできるアンテナの感度を「危機意識」とでもいうのでしょう。

勤勉なる日本企業では、従来からアンテナを高く掲げ身近な問題を早めにキャッチして、「QC活動[*1]」で解決するというお家芸がありました。でも残念なことに、このQC活動の成果は、参加したメンバーの志の高さによって、いかようにも変化してしまうという弱点があったのです。

では、こうした身近なテーマを取り上げて、シックスシグマを使ったアプローチをすることができるのでしょうか？

ここで、シックスシグマの基本を思い出してみましょう。

◎データ（事実）に基づいた議論
◎ステップを踏んだ活動進捗（DMAIC[*2]）
◎利益・コスト重視

これらを実践できる対象であれば、どんなテーマであっても立派に「業務改革」できるのがシックスシグマ流アプローチなのです。そして、忘れてはならないのが"ものごとのバラツキが最大の敵"であることです。

それでは、改革プロジェクトのメニューをご紹介していくことにいたしましょう。

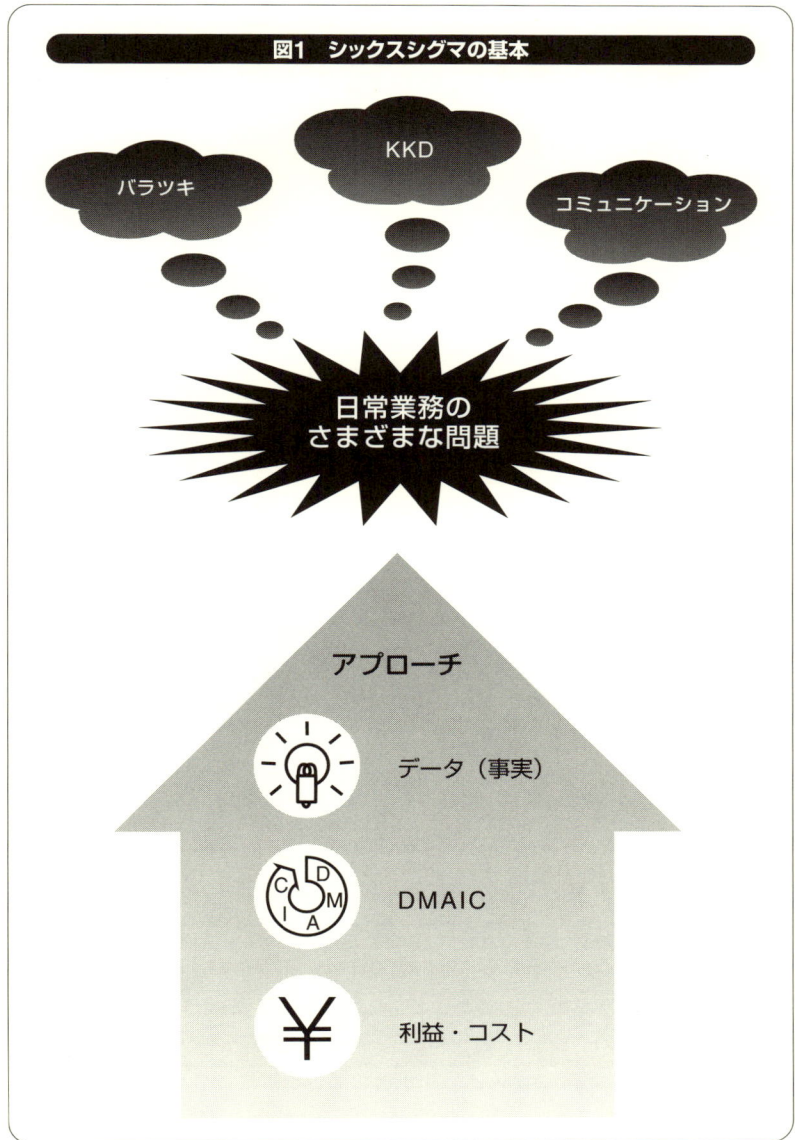

2 集めたのは誰の声？

●……問題点を集約するには

「シックスシグマを使ってすぐに利益が上がるとしたら、それは間接部門の事務作業だ」といったら、皆さん驚かれるでしょうか。

もともと品質管理などという分野は、製造業の専門部署で製品があって初めてできると思われがちですよね。だから、事務作業の品質管理といわれても何のことかピンとこないでしょう。

たとえば、「伝票に記入して、地下の倉庫に行って部品を持ってくる」とか、ましてやパソコンのモニターとにらめっこして一日が終わるのであれば、なおさらでしょう。企画や技術設計など創造性で勝負する方々は別にしても、どこの会社にも総務、庶務、人事、広報、売店、医務室などの間接部門があるはずです。もちろん最近はアウトソーシングが進んでいると思いますが、まったくゼロにはなりませんし、そうした委託先にも情報を入れなければ何もできません。大きな会社になればなるほど、これら間接部門の仕事に求められる「クオリティ」は高く、ちょっとした行き違いが大きな損失につながることもあるのです。社内ネットワークなどのインフラ強化で品質が確保されると思うのは早計です。なぜなら、使っているのはあくまで人間なのですから。

さて、シックスシグマで改革を考えるときには、まずお客様の声（VOC[*3]）を集めます。少々乱暴ですが、仮に間接業務が社内サービスだと考えれば、お客様は他部門の社員ということになります。つまり社員の声を集めて、テーマを導き出すことから始めることになります。アンケートを実施してみれば、それこそ前向きな意見ばかりではなく、不平・不満も出てくることでしょうが、顧客からのクレームに比べたら、可愛いものではありませんか？

集めたVOCは、まずは図のようにまとめてみればわかりやすくなります。

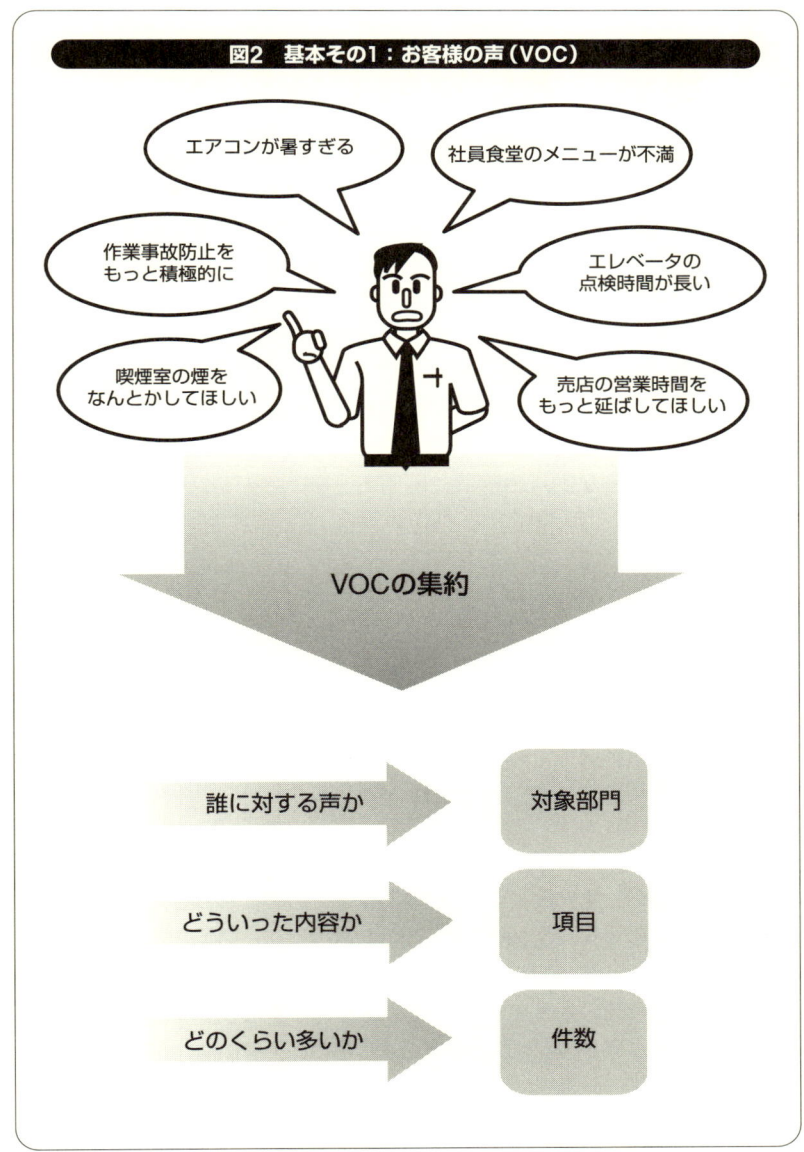

3 重要度合いは目で見せる

●……パレート図に投影しよう

集めた社内 VOC を、あて先別に見てみましょう。( )内は件数です。

【庶務課あて】
・冬場の空調が暑すぎる(15)
・エレベーターの点検時間が長いので不便(3)
・喫煙室の煙がフロアに流れ出て臭い(6)

【医務室あて】
・風邪による欠勤者が多い(4)
・作業事故防止をもっと積極的に(8)

【売店・社員食堂あて】
・営業時間を延長してほしい(12)
・選べる献立が少ない(8)
・人気メニューをもっと置いてほしい(5)

　などなど、たくさんネタがあるようですね。でも、人手もないし、一気にこれらのテーマに手をつけるわけにもいかないとすれば、優先順位づけにひと工夫加えてみましょう。
　各課で最も意見の多かった要望を再度電子メールで社員に流して、どれから改善してほしいかを返信してもらいましょう。この投票の結果、どうやら空調の温度設定に対する改善希望が多かったようです。結果は見やすくするためにも、パレート図[*4]でまとめます。
　このように、社員の生の声である VOC をそのまま取り上げるのではなく、再度整理してから優先順位をつけると、より偏りの少ない意見を抽出することができて、改善の必要度が高いテーマを捉えやすくなります。
　では、空調のどこに皆さんの不満があるのか、もう少し調査を進めてみましょう。

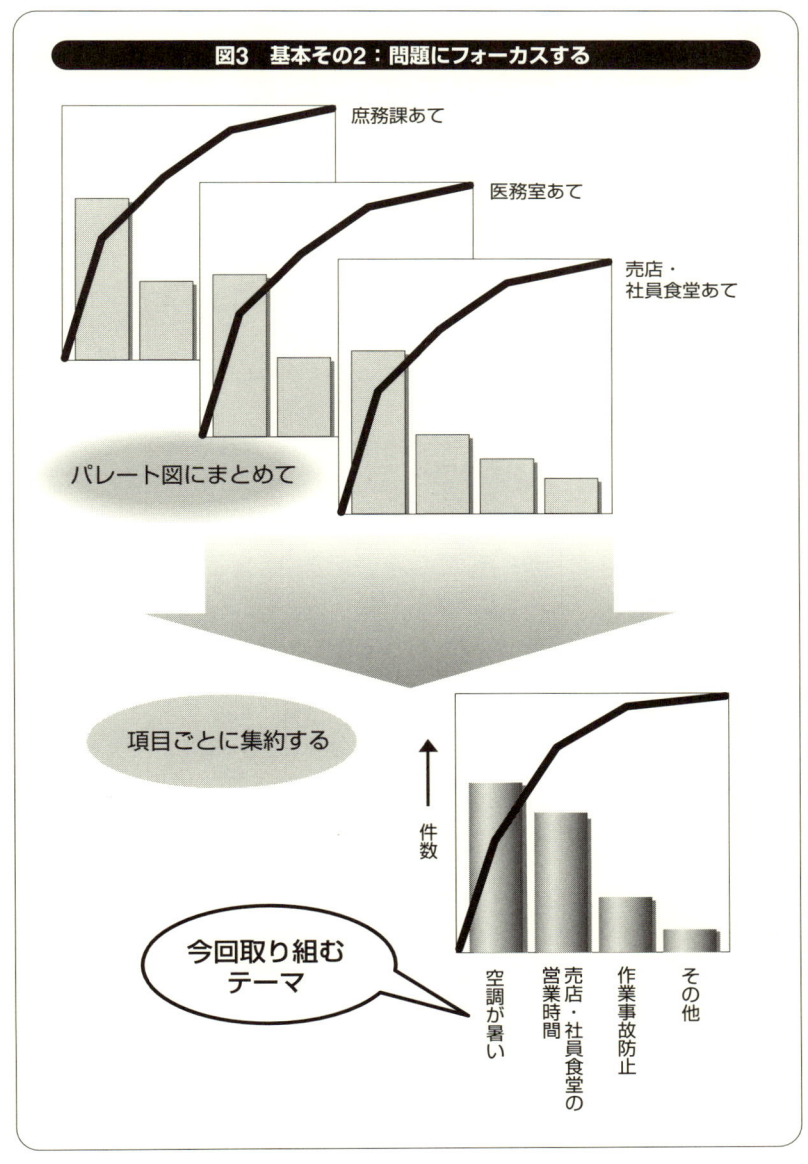

4 本当の問題はどこにある？

●……データを集めよう

　いよいよ空調をテーマにしたプロジェクト（？）がスタートしました。
　前述の通り、シックスシグマでは、問題への取り組み方、つまりアプローチの順番が決まっています。もう少し専門的にいうとここまでがD（定義）フェーズで、次に必要なデータを集めるM（測定）フェーズに入ります。データというと、とかく数値を思い浮かべがちですが、ここではもっと広い意味での「事実」の集約と思ってください。直接見た、聞いた、手に入れた「事実」を多く集めることで、そもそも定性的なデータも定量化していくことが可能になります。
　このような地道な努力が、プロジェクト成功の基礎をなしているといっても過言ではないでしょう。
　それでは、空調プロジェクトのMフェーズでは何をしたらよいでしょうか？
　「室温を測定する」──確かに温度データは集まりそうですが、いったいどこの温度を測ってくるのでしょうか？
　シックスシグマでは、まず何が起きているのかを正確につかんでくることが必要です。取り組みにつながったVOCでは、「冬に空調が暑すぎる」というものでした。そこで「暑い」と言った人たちに、詳しく聞いてみることにしましょう。

　・1月と2月に暑い日が多い
　・木曜日、金曜日に暑いことが多い
　・午後の1時から4時までが暑い
　・3階フロアが暑い
　・暑いと事務作業の能率が下がる

といった意見が出てきました。では、これだけで判断して空調設定を変えれば、問題は解決するのでしょうか……？

図4　基本その3：データ（事実）を集める

事実　　空調が冬に暑すぎる!!

さらなる事実を求めて

1月と2月に暑い日が多い

木曜日と金曜日が暑い

午後1時から4時までが最も暑い

くれぐれも、
結論を急いで足もとをすくわれないように……

5 集めたデータを分析しよう

●……数値データの視覚化

　シックスシグマの次の段階は、A（分析）フェーズです。
　よくご存じの方なら、「統計ツールの登場か」と意気込まれるかもしれませんが、このプロジェクトではあまり役に立ちそうにありません。
　最近「シックスシグマ＝統計」という固定観念が、あまりにも広く行き渡りすぎた弊害があるように思えます。確かに統計ツールは便利ですし、将来を予測したり、数値を視覚化する手段として非常に優れています。しかし、シックスシグマでは何が何でも統計か、というとそうではありません。もっと柔軟に考えていただいたほうがよいでしょう。
　今回のデータには、定性的に冬場とか週の後半といった情報が含まれています。さっそくここに着目して、温度に関する情報を集めてみました。

◎外気温の変化12か月→会社のルールは外気温が10度以下で暖房使用
◎曜日別の室温変化（9時、12時、15時、18時）

　ここまで解析を進めてみて、ちょっと疑問に思いませんか？「自分でこんな苦労をするくらいなら、さっさと空調設備業者を呼べば済むはずだ」と。
　ただ、まだ空調が故障したと決まったわけではありませんし、点検だけでもお金はかかってしまうでしょう。「餅は餅屋」かもしれませんが、もう少しメドをつけてからでも遅くはないと思います。
　そこで、さらに事実に基づいた解析を続けてみることにしましょう。

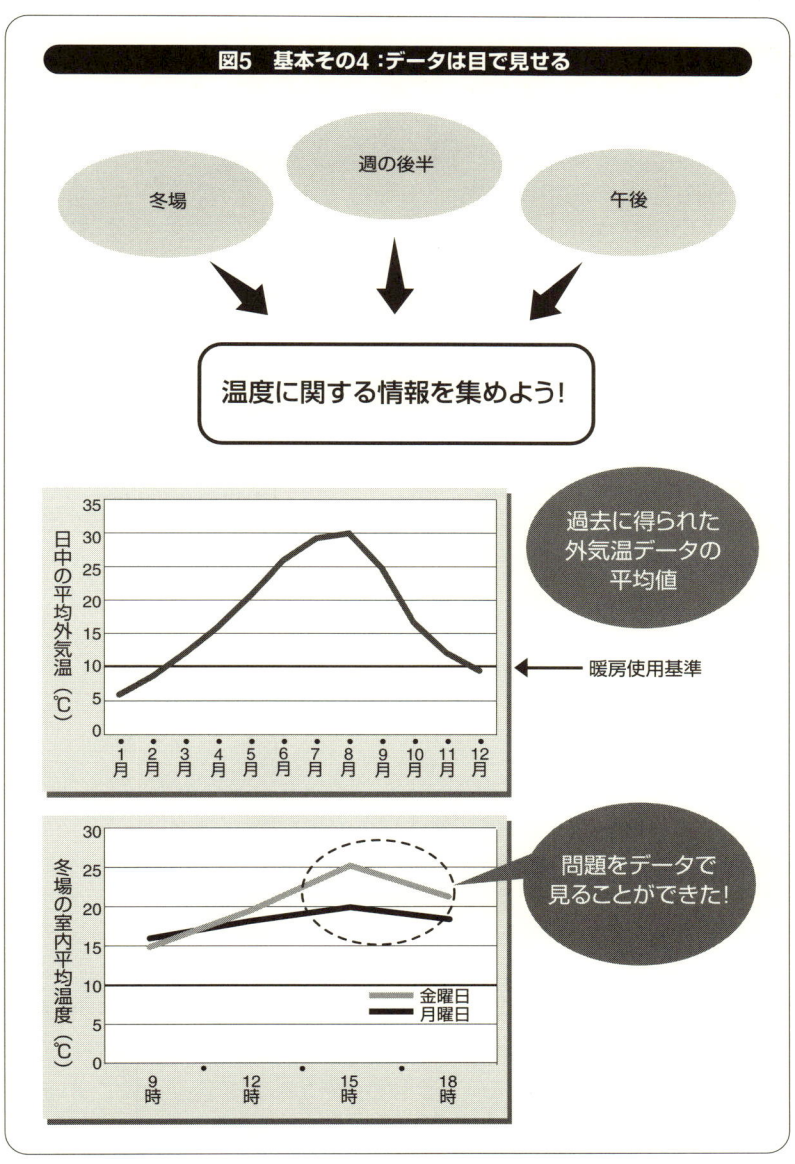

6 プロセスをよく見よう！

●……結果には必ず原因がある

　ここまでに挙がった「週の後半」「午後」といった事実から、いったい何がわかるのでしょうか？

　シックスシグマでは、フロアの室内温度を出力Y、「週の後半」「午後」といった関連性のあるものを要因x [*5] と呼びます。そして問題解決のヒントは必ず要因xに隠されているという強い信念に基づいて、アプローチを続けていくのです。これがリーダーに求められる粘り強さといっても過言ではないでしょう。

　空調のアプローチでは、実際に行動を起こしてみることにしました。これがI（改善）フェーズになります。行動といっても闇雲に歩き回るのではなく、問題とされる3階フロアにおいて快適な状態（暑くならない週前半の午前）と不快な状態（暑くなる週後半の午後）を比べてみることにしました。

　すると確かに異常に暑いことが確認されたので、出入りの設備管理業者に電話すると、「排気ダクトが故障しているのではないか？　屋外のファンを見てみたらどうか」とのアドバイスをもらうことができました。さっそく屋外ファンを見に行くと……。

　ちょうど屋外ファンの排気口をふさぐように大型トラックが、荷物の搬出作業を行なっている真っ最中でした。トラックの運転手に聞くと、毎週木曜と金曜の午後に指定荷物の搬出を行なうとのこと。なるほど、「これでは屋外ファンの排気が妨げられて、うまく室温が調節できないのではないか？」という推理ができそうですね。たとえ設備業者にお金を払って臨時点検を頼んだとしても、この事実には行き当たらなかったかもしれません。

　何か結果があるということは、そこには結果を生み出すメカニズムが存在します。思いつきで一気に原因にたどりつくことは容易ではありませんが、このように正しい条件で問い詰めていけば、必ず原因に行き当たることになるはずです。

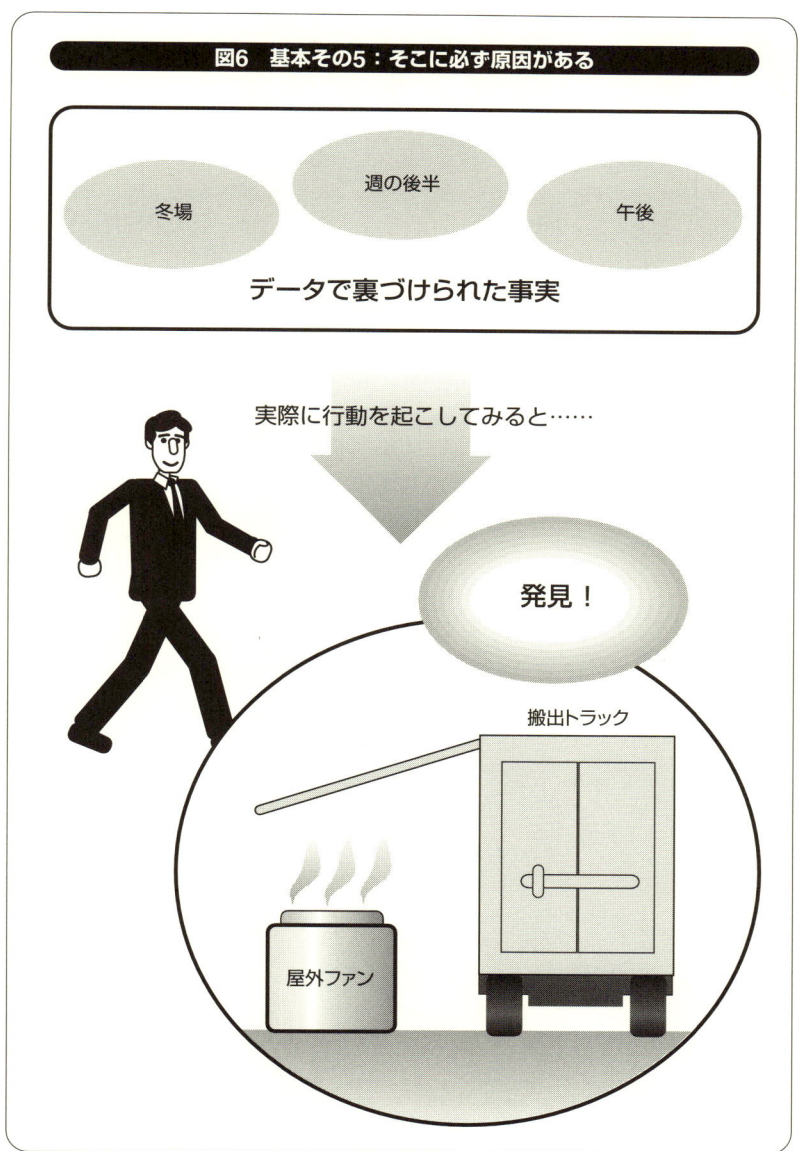

7 結果を変えたければ、まずプロセスを変えよう

◉……プロセス管理の考え方

　空調改善プロジェクトもいよいよ大詰めです。Ⅰフェーズの推理が正しかったのか、実際にトラックに移動してもらって、変化が起こるのかどうかを確かめました。

　効果はてきめん、1時間もすると室温が下がってきたようで、かなり快適な状態に戻りつつあります。やはり、原因はトラックの搬出作業にあったことがはっきりしました。

　さてここまできたら、再発防止のための管理手段を講じなくてはなりません。これがC（管理）フェーズです。欲をいえば、せっかく余計なお金をかけずに、原因までたどりついたわけですから、できれば防止策も安上がりに済ませたいですよね。

　しかし、トラックによる搬出作業を取りやめることはできませんし、トラックの停止位置や屋外ファンを動かすことも不可能だとすれば、どうすればよいのでしょうか？　ちょっと難しくいうと、どんな要因を「制御」したらよいでしょう。

アイディア①：トラックが停まっている時間帯は、空調を止めてしまう
アイディア②：搬出を外気温の下がってくる時間帯に遅らせてもらう
アイディア③：トラックの大きさを小さくしてもらう

　アイディア①は、きめ細かな管理が必要で対応できそうにありません。アイディア③も積載量が減る分、台数が増えてコストUPになるでしょう。それらに比べてアイディア②は、前述の時間帯別温度比較で考えれば、有効な管理手段になりそうです。

　ここでの考え方は、コストや継続性から見て最も受け入れやすい管理から適用していくことが前提です。複雑な方法は、手間もかかるし、面倒くさくて継続できませんから、なるべくシンプルなことも選択条件になるでしょう。

図7　基本その6：継続は金なり

アイディア①
トラックが停まっている時間帯は、空調を止める
↓
管理に手間がかかる

アイディア②
搬出を外気温の下がってくる時間帯に遅らせる
↓
比較的簡単に実施可能

アイディア③
トラックのサイズを小さくする
↓
運ぶ台数が増えて、コストUP

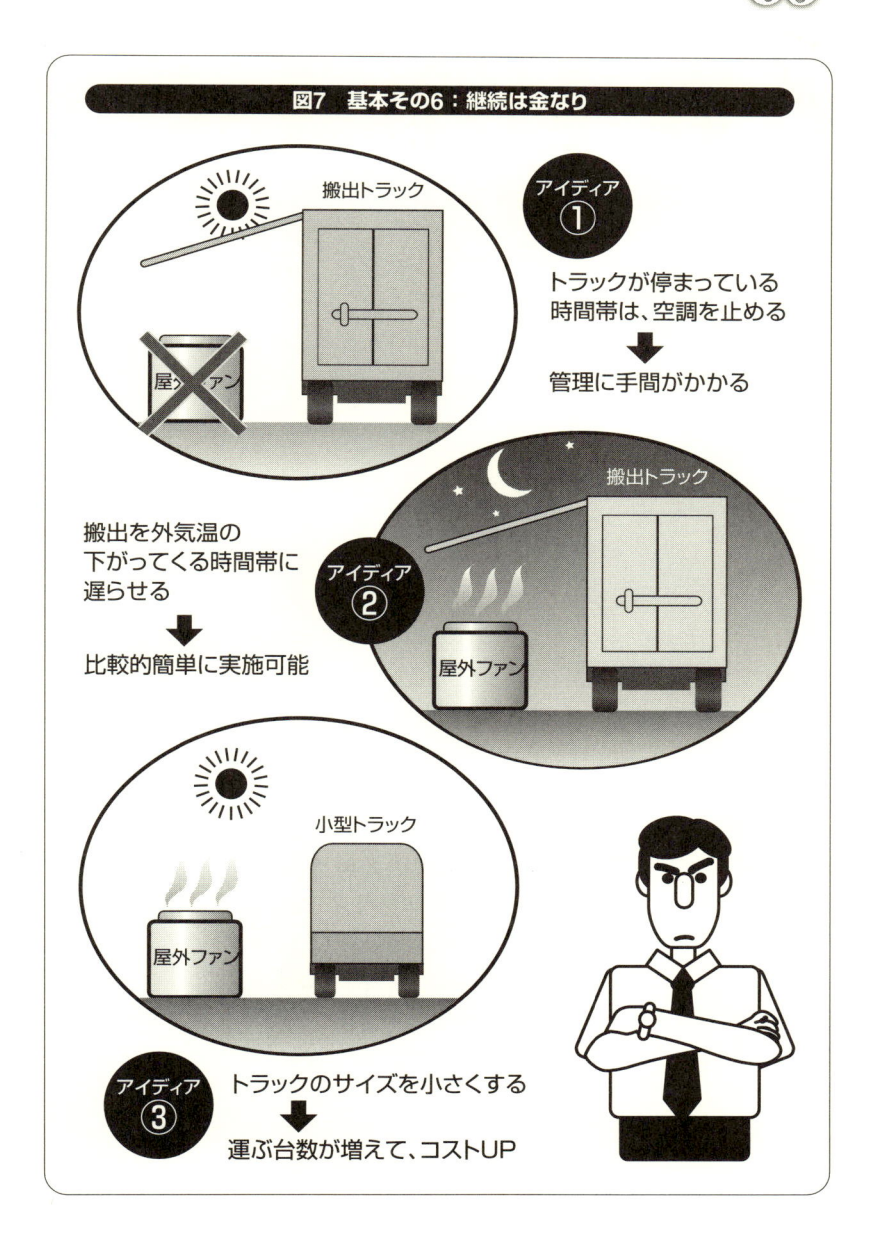

8 継続できることが成功の証

●‥‥‥シックスシグマは"究極の変革手法"

　社内 VOC から始まった空調改善プロジェクトでしたが、意外な結末で終了しました。けれどもシックスシグマでは、こういった結論にたどりつけることは、むしろ評価されるべきだと考えます。なぜなら、

◎ 安易にコストをかけることなく社員（顧客）満足を得た
◎ 問題現象を起こす確実な原因を発見した
◎ 歯止め*6 の管理も継続可能な方法である

からです。
　最初に作ったパレート図から、いちばん高い棒グラフが消えました。すると自動的に次の棒グラフが高く見えてきます。絶対件数では空調問題よりは少ないわけですが、それでも無視できるレベルではありません。あなたがブラックベルトであれば、次のテーマはすかさず「売店・社員食堂の営業時間見直し提案」プロジェクトで決まりでしょう。

　継続的改善とは、まさに終わりのない旅であって、どこまでいっても「まだ減らすことのできる欠陥」を減らしつづける努力を意味します。そして取り巻く社会環境や経営状況、顧客ニーズが変わっていくにつれ、パレート図の棒グラフが改めて追加されてしまうことも起こり得ます。
　しかし 1 つ 1 つの問題を解決するのに必要な変革そのものは、ちょっとしたきっかけ（要因）によって引き起こされることも多いのです。そのきっかけを見つけ出す注意深さを身につける考え方、それがシックスシグマなのです。
　取り組むテーマが変わっても取り組み方は変わらないという意味では、もしかすると"究極の変革手法"なのかもしれません。

図8 究極の変革手法!?

件数

空調が暑い
売店・社員食堂の営業時間
作業事故防止
その他

次に取り組む
テーマ候補

取り組むテーマが変わっても取り組み方はいつも同じ
……だから

" 究極の変革手法 "

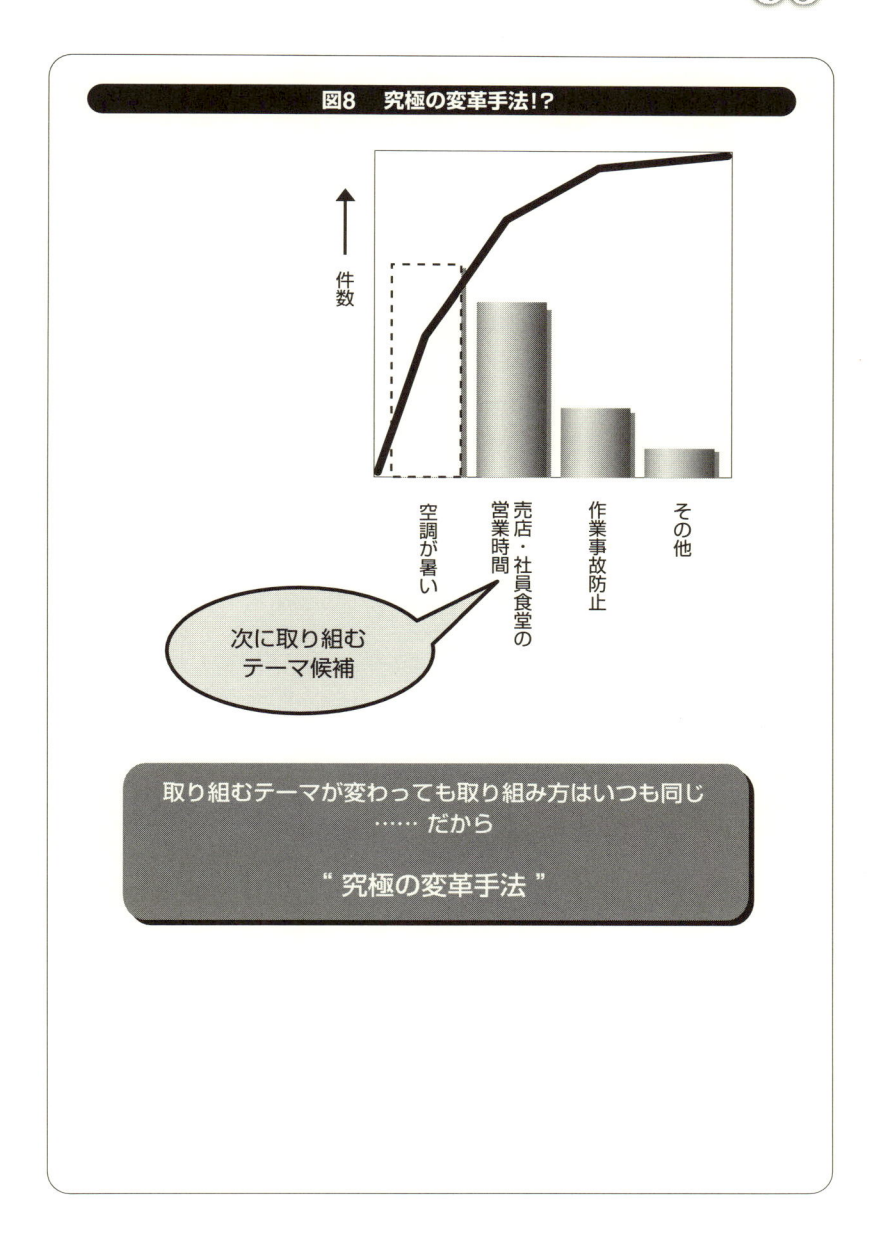

〈入門編〉用語解説

＊1 QC活動
品質管理（Quality Control）活動。戦後、日本製品を世界トップレベルの水準に向上させる原動力となった現場主導の改善活動。

＊2 DMAIC
シックスシグマ活動の進捗管理フェーズ。D(Define；定義)、M(Measure；測定)、A(Analyze；分析)、I(Improve；改善)、C(Control；改善成果を維持するための管理)。

＊3 VOC（Voice Of Customer）
顧客の声。お客様が本当に求めていること、不満に思っていることなど、お客様の本音を指す。

＊4 パレート図
データを件数や金額などの種類別に分けて、大きい順に並べグラフ化したもの。重点化手法として知られており、ABC分析とも呼ばれる。

＊5 出力Y、要因x
すべての事象（Y）は、さまざまな要因（x）があるプロセス（f）によって出力されている、という考え方（すべてのプロセスは $Y = f(x)$ で表現される）。

＊6 歯止め
改革成果を維持するために、その成果を生むシステムを標準化し、管理するルール形式を規定すること。

第2章

【初級編】
お得意様を囲い込め
──ナンブ百貨店外商部、存亡の危機!?──

KKDだけに頼る判断というのは、
時として責任放棄にも等しい行為だといわざるを得ません。
「暗黙知」の罠にはまらないための回避手段をお教えしましょう。

▼

● ここで使うツール ●
パレート図
顧客管理マトリクス

1 エッ、外商部がなくなる!?

●…もう一度冷静に考えよう

　ナンブ百貨店は、九州地区では老舗のデパートです。ここ数年はほかの百貨店や大型スーパーマーケットの進出が相次ぎ、競争激化への対応に苦慮しています。

　外商部の中居部長は、担当取締役の稲垣さんから「今日の役員会で、法人顧客の獲得を担当する外商部の縮小が議論された」という話を聞いて、愕然としました。

　よくよく聞いてみると、その役員会では、ここ1年に新たに獲得した法人顧客数の減少（図1）が話題になったというのです。

　役員会の資料によれば、

①最近1年間の新規に獲得した法人顧客数は、月平均20社である
②月当たりの獲得数は、昨年6月の26社をピークに、今年の3月には16社にまで減少している

となっています。このため役員会では法人顧客を担当する外商部の縮小が検討されたそうです。稲垣取締役自身も実態とは異なる感覚があったそうですが、その場で反論できる材料を持っていなかったため、何も言えなかったそうです。

　さて中居部長は、全部員を集めて稲垣取締役から聞いた内容を説明しました。

「何か変ですよ！」
「役員会では、現場と関係ない議論をしているから反論は無意味だ」
「部がなくなるなら仕方ない」

と、部員たちにはあきらめムードが流れていました。

　その時、主任の木村さんが「役員たちにこの店の将来を任せておいていいのか？　以前から、ウチは新規の法人顧客開拓に消極的だと思っていたんだ。役員会の議論と別に、もう一度真剣に考えてみようよ」と言い出したのです。

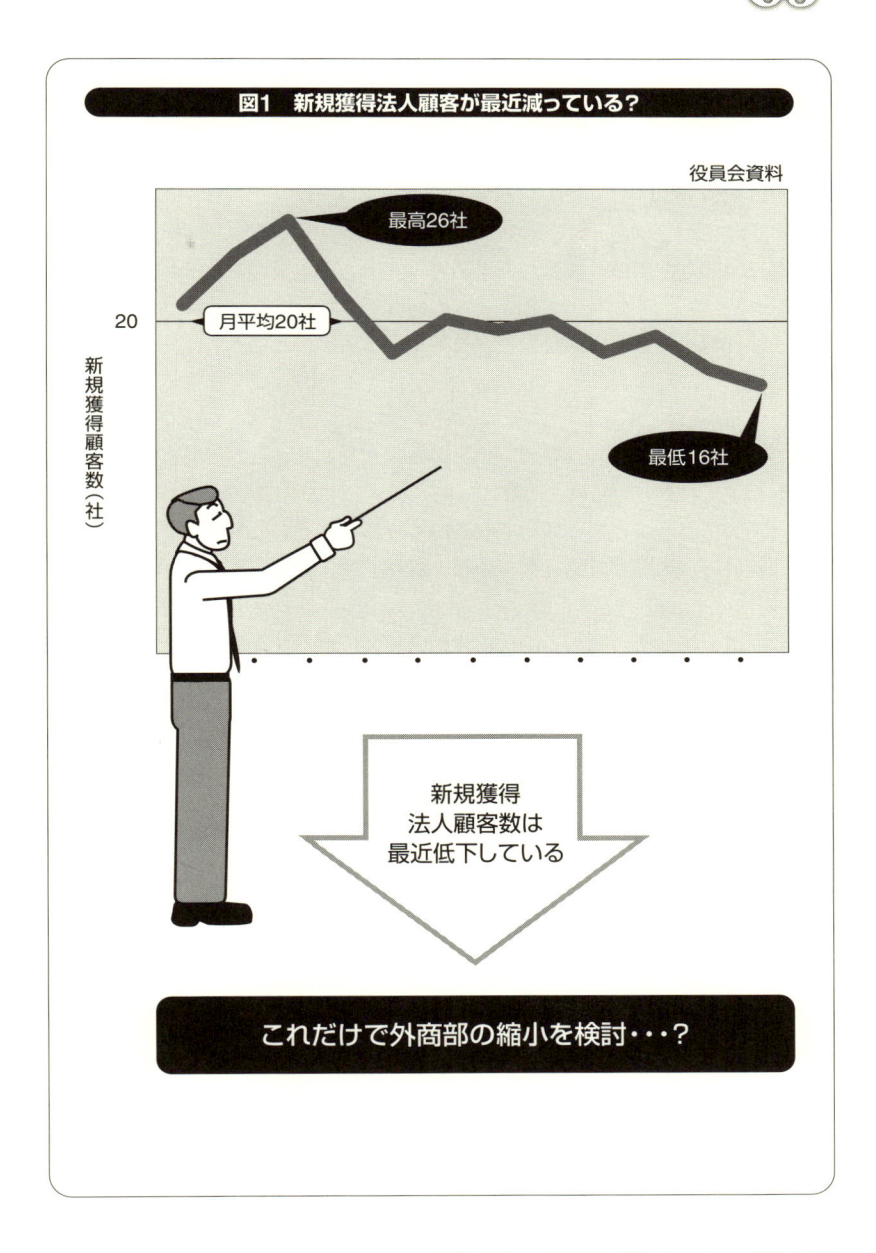

図1　新規獲得法人顧客が最近減っている？

役員会資料

最高26社

月平均20社

20

最低16社

新規獲得顧客数（社）

新規獲得法人顧客数は最近低下している

これだけで外商部の縮小を検討・・・？

2 検討のシナリオを考えよう！

●……取り組むテーマの目標設定

　外商部員のなかでは、顧客が事業の基本であるとの認識では一致していました。
　そこで木村主任は、中居部長とともに稲垣取締役のところへ説得に行きました。

中居「今回の役員会の検討課題はウチの将来を左右することですから、少し時間をかけて検討させてください」
稲垣「いいだろう。社長には話をしておくから、よろしく頼むよ」
木村「新規の法人顧客の開拓を、もう一度徹底的に見直してみたいのですが……」
稲垣「実は、私もそう思っていた。役員会であのデータを見たとき、どうもしっくりこなかったんだ」
中居「もう一度データを取り直してみたいので、外商部の縮小を待ってはいただけないでしょうか？」
稲垣「わかった。いい結果を期待しているぞ」

　席に戻った中居部長と木村主任は、部員を集め、これからの検討方法を説明しました。そこでは、

①みんなで自由に意見を言い合おう
②情報を収集し、数値化して議論しよう
③言葉を使うときは、みんなでキチンと定義して、思い違いをなくそう
④「できない」ではなく、「どうしたらできるようになるか」を考えよう
⑤検討期間は次の役員会までの1か月間に限定して、集中的に討議しよう

という点を、徹底したのです。

図2　シックスシグマは人間の英知が源泉

私の意見が会社を変えることに関係するなんて

僕はPCが得意だからデータ分析は任せておいて

楽しくやろう！ただし、論理的、かつ数値で話をしよう！

できるできないではなく、まずやってみよう

みんなが各自の得意能力を発揮するのがシックスシグマ

3 ところで、「お得意様」って？

● ……共通言語は言葉の定義から

　こうして活動はスタートしました。活動体制は、シックスシグマでいうところのブラックベルトが木村主任、チャンピオンが中居部長です。

　まず、「社内でいう"お得意様"とは何を指しているのであろうか？」という議論から始めました。部員たちは分担して、営業部、事業企画部、調達・仕入部、商品開発部、管理部などのあらゆる部門に対して「お得意様とは何か」の定義を聞いて回りました。

　最初はどうしてこんなことを調べるのか不思議に思っていた部員たちは、結果を集めてみて驚きました。各部で「お得意様」の指す意味がバラバラなのです。

　さらに役員会で使用された「新規に獲得した顧客数」の出所が、事業企画部の担当者が受注伝票のデータから作ったものだということもわかりました。

　ここで、中居部長から木村主任に「お得意様」の定義をするようにとの指示がありました。

　木村主任は、すぐに社内で調整して定義を決めることにしました。その結果から次の2つを満たすことを基準としたのです。

①年間5回以上のご利用
②年間50万円以上のご利用金額

　こういった基準は、決めたら速やかに社内のコンセンサスが得られるようにすることが重要です。

　もちろん事実把握のためのデータ収集や分析には時間をかける必要がありますし、正しい事実認識があって初めて、本当の問題へのアプローチが可能となります。

　活動メンバーは、受注伝票から数値を拾って「お得意様の数」を集計することにしました。

図3　普段使っている言葉を定義しなおす

「お得意様」って・・・?

- 営業部：「 いままで何度か注文してくれたお客様 」
- 事業企画部：「 年間50万円以上買ってくれたお客様 」
- 管理部：「 中元、歳暮、引出物などのうち5回以上注文をくれている顧客 」
- 商品開発部：「 当店から商品を購入してくれたお客様 」

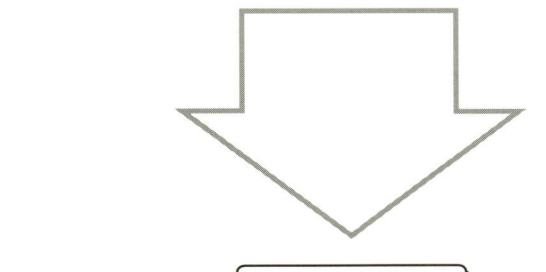

↓

お得意様

年間5回以上のご利用 ＋ 年間50万円以上のご利用金額

4 曖昧な数値は誤解のもと

●……データが示してくれること

　図4は、木村主任たちが苦労してデータを集めた結果です。
　傾向としては先の役員会資料とほぼ同じでした。役員会資料で年間240社（月平均20社）であったお得意様の獲得数が、今回の結果では、年間216社（月平均18社）となり、「知られていた実態」よりも若干少なかったようです。また、最も多い月と最も少ない月の差（範囲）が思いのほか小さいこともわかりました。
　この段階で、お得意様について、

①従来は明確な定義がなかった
②今回「年間5回以上、かつ年間50万円以上のご利用」と定義し、各部のコンセンサスを得た
③その定義に従って再調査したところ、いままで報告された数値より若干小さく、月による差が小さい

ということが明確になりました。
　この段階でわかったことを、さっそく稲垣取締役に報告しました。

稲垣「では、あの資料はなんだったんだ？　数値の傾向が同じであったかどうかは関係ない。問題は、社内で使用している用語が定義されていないことだ。こうしたことは、この問題だけではなく、社内に蔓延しているのではないか？　社内用語を明確に再定義して、コンセンサスを得てほしい」

　これには中居部長も当惑して、「まずは外商部存続の活動に絞らせてください。もしお急ぎであれば、別のチームを作ってご検討いただけますか？」と言い残して、役員室から早々に退散しました。

図4　新規獲得顧客数の見直し

	年間合計	月平均	最大値	最小値
役員会資料	240	20	26	16
定義後再調査	216	18	24	15

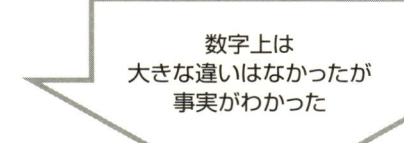

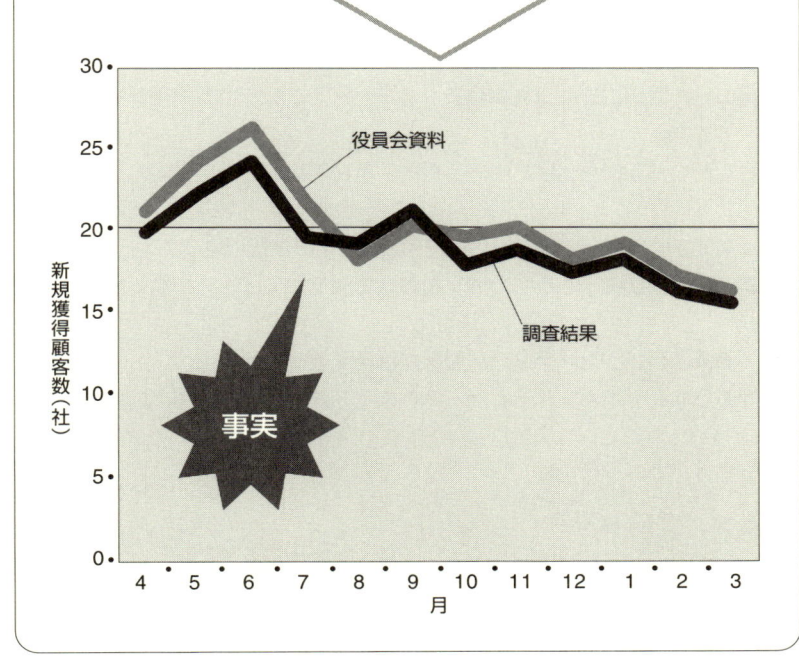

⬇ 数字上は大きな違いはなかったが事実がわかった

（グラフ：新規獲得顧客数（社）、月 4〜3）
- 役員会資料
- 調査結果
- 事実

5 お得意様を増やすには

◉ ‥‥‥ 仕組みを見抜く視点が大切

　こうした活動においては、できれば全社的視点で考えていくことが望まれます。また、メンバー全員で確認することも必須となります。
　本来、流出（失う）顧客を少なくし、新規獲得顧客を多くすることで「お得意様（ストック顧客）」を増加させる仕組みが重要です。このフレームを理解すると、お得意様についての見方が変わってきます。
　つまり、お得意様を増やすことが目的であり、単に新規獲得顧客数を増やすことではないことがわかります。新規獲得顧客を増やしても、流出顧客数が新規獲得顧客数を上回ったのでは、ストックとしてのお得意様は減少してしまうのです。いわば、穴のあいたバケツに水を入れることと同じわけです。
　さて、先ほどのお得意様のデータを収集するだけでかなり時間を使ってしまったので、さらにデータを集めるとなると、1か月という期限が守れなくなりそうです。
　木村主任から相談を受けた中居部長は、再び稲垣取締役に相談しました。

中居「真相を解明するために、もう少し時間をいただけないでしょうか？　できればデータが集まるまでの間、役員会の開催を延ばしていただけませんか？」
稲垣「事情はわかった。では、1週間だけ時間をやろう」
中居「ありがとうございます。がんばります」

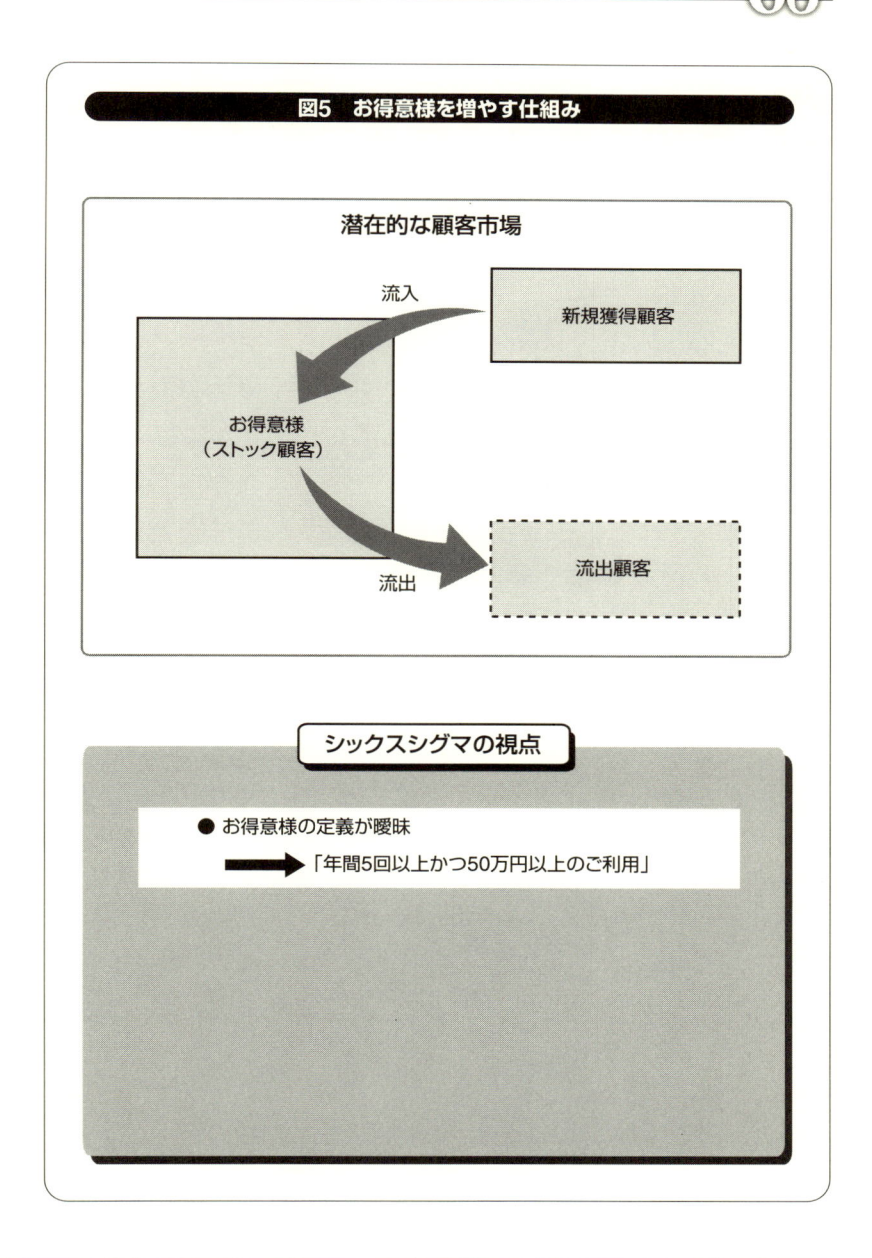

図5　お得意様を増やす仕組み

```
潜在的な顧客市場

              流入
                      ┌─────────────┐
                      │  新規獲得顧客  │
                      └─────────────┘
  ┌──────────┐
  │ お得意様    │
  │（ストック顧客）│
  └──────────┘
                      ┌─────────────┐
              流出     │   流出顧客    │
                      └─────────────┘
```

シックスシグマの視点

- ● お得意様の定義が曖昧
  → 「年間5回以上かつ50万円以上のご利用」

6 多少の変動にはあわてずに

●……データは長期的に収集しよう

　外商部のメンバーは、「お得意様」を会社の資産だと考えれば、目先の動向に左右されるのではなく、ある程度の長期的な流出防止策を講じることが重要であることを理解し始めました。
　しかしながら、現状を正しく理解するためには継続的に精度の高いデータを収集できることが先決です。
　検討の結果、以下の視点でデータ収集をすることにしました。

①月単位でデータを収集し、年間で傾向を把握する。
②新規獲得顧客、お得意様、流出顧客の3つに区分して把握する。
③現時点では受注伝票から数値を拾ってまとめるが、将来的にはこの仕組みをシステム化し、継続的に分析できるようにする。

　役員会の資料では、毎月新規に獲得する法人顧客数が減少していました。
　役員会での「新規獲得顧客数が減少しているために、お得意様が減少している」という議論は前提を見誤っていたことを、図6のグラフは表しています。なぜなら、年度ベースの新規獲得顧客数がここ数年はほぼ横ばいであるにもかかわらず、お得意様は大きく減りつづけていたからです。
　もしこのお得意様を増やすことが本来のマーケティング戦略であるとすると、次のテーマは、お得意様の減少原因を把握することに移ります。

図6　顧客数の動向

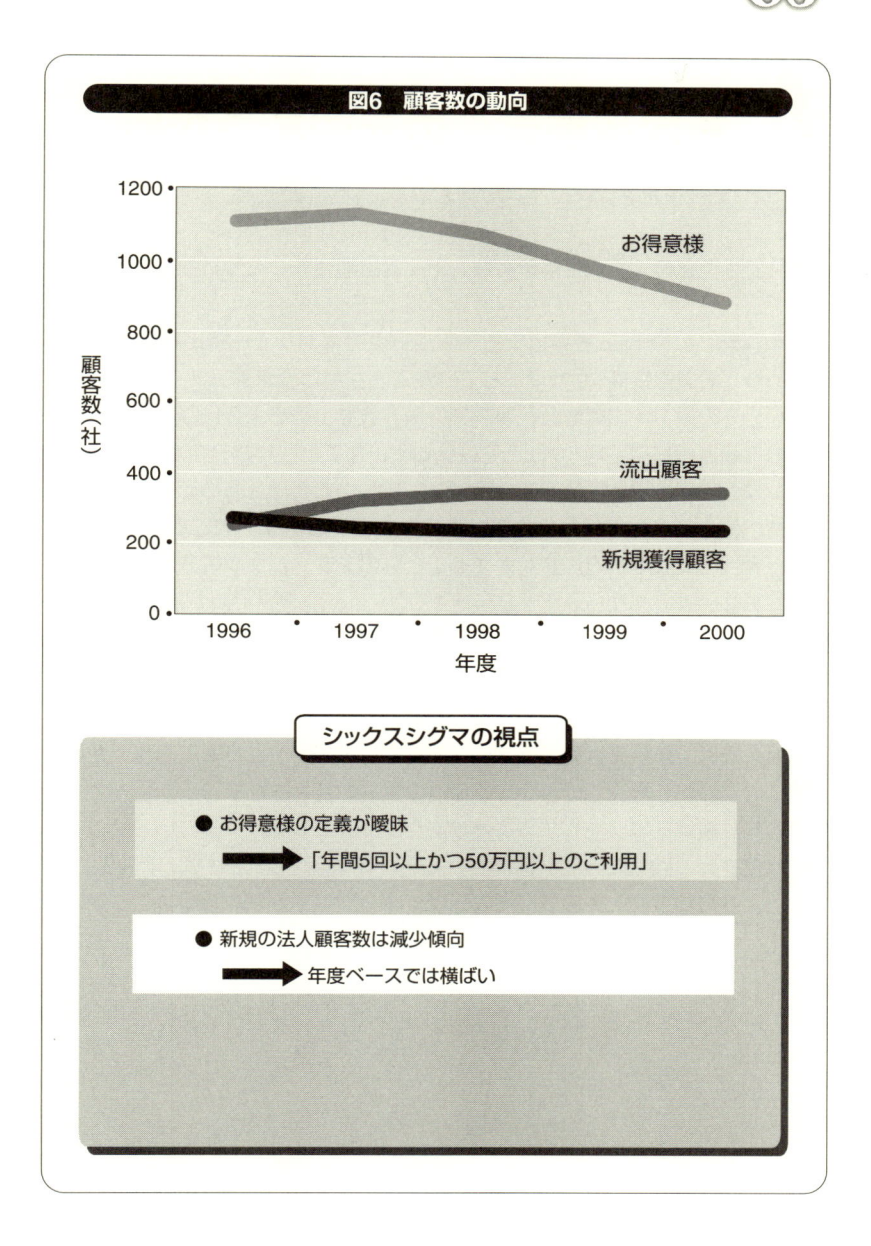

顧客数（社）

1996　1997　1998　1999　2000
年度

- お得意様
- 流出顧客
- 新規獲得顧客

シックスシグマの視点

- お得意様の定義が曖昧
  ➡ 「年間5回以上かつ50万円以上のご利用」

- 新規の法人顧客数は減少傾向
  ➡ 年度ベースでは横ばい

7 お得意様減少の元凶をつかめ

◉……データによって、KKD判断の弊害を回避する

　それでは現在の「新規獲得顧客数」と「流出顧客数」を分析してみましょう。

　1996年度は、年間に獲得した法人顧客260社に対して、流出顧客は240社であり、お得意様は20社増加していたことがわかります。

　しかしその後、流出顧客数が新規獲得顧客数を上回るようになり、結果としてお得意様が毎年平均80社近く減少していたことがわかります。

　ナンブ百貨店の現在の状況は、苦労して新しいお客様を集めても、それより速く、既存のお得意様を失っているのです。いまやるべきことは、「現在のお得意様を失わない方法」を考えることなのです。バケツの穴をふさげば、水は漏れないのですから。

　反対にこの状態のまま「新規顧客を獲得する方法」を重点的に検討することは、部分最適となってしまいます。シックスシグマでは全体最適化を目的としている点を肝に銘じておいてください。

　役員会では「新規獲得顧客の減少＝お得意様の減少」と捉えてしまったので罠にはまりました。このように現象を表面的に捉えてしまうと、とんでもない方向に議論を導いてしまうことがあります。

　これこそが、KKD[*1]判断の弊害ともいうべき危険性なのです。

　このように論理的に考えていくことは、まるで探偵が緻密な推理で証拠を積み上げながら、犯人を追い詰めていくアプローチにたとえられるかもしれません。

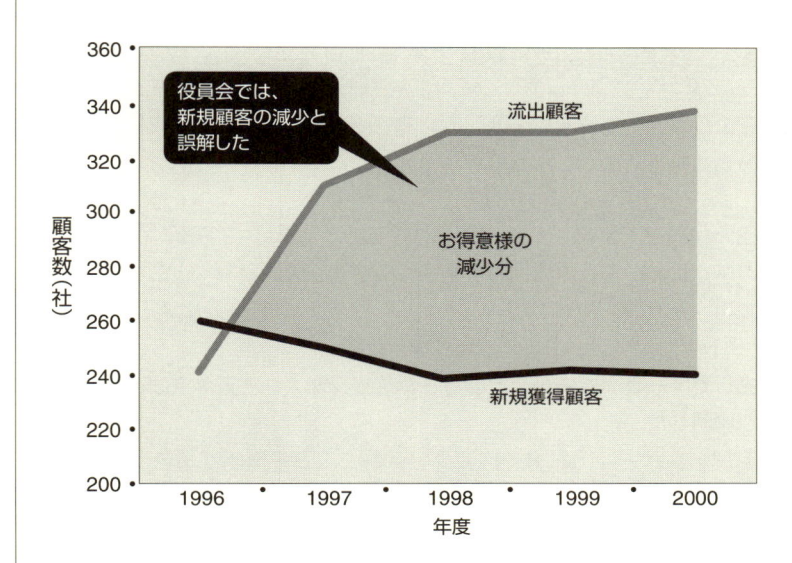

図7　新たな優良法人顧客数が経営の指標か？

役員会では、新規顧客の減少と誤解した

流出顧客
お得意様の減少分
新規獲得顧客

顧客数（社）／年度

シックスシグマの視点

● お得意様の定義が曖昧
　➡ 「年間5回以上かつ50万円以上のご利用」

● 新規の法人顧客数は減少傾向
　➡ 年度ベースでは横ばい

● 新規の法人顧客の獲得が主要な課題
　➡ 流出顧客数の最少化が経営上の優先課題

8 データを使った課題の見せ方

●……経営者レビューに臨む

　今回の役員会で稲垣取締役は、これまでに分析した内容を簡潔に示しながら、自信をもって説明しました。

①前回の役員会で討議された「外商部の縮小」から、この検討が始まった。その時点において社内の「お得意様」の定義が曖昧であったこと。
②新たな「お得意様の定義」に沿って、再度データを集めようとしたが、「ヒストリカル・データ*2」しかなかったこと。
③苦労してデータを収集したところ、新規獲得法人顧客数は横ばいであることが判明したこと。
④外商部メンバーは、お得意様減少のメカニズムを解明することによって、全社的問題として、お得意様の流出防止が「本質的課題」だと導いたこと。
⑤データでアプローチすることは従来から意識してはいたが、実際にはうまく活用できていなかったということ。

　最後に、メンバーを代表して中居部長が、現在の最大の課題は「お得意様を減らさない仕組み」作りであることを力説して報告を終えました。中居部長たちが自信をもって報告できたのは「感覚や思いつきではなく、データに基づいて論理的に説明できた」からだったといえます。
　その背景には、「経営」を意識しながら具体的な問題にアプローチしていくというシックスシグマのコンセプトがあったからなのです。

図8 事実が明らかにしたナンブ百貨店の課題

❶ お得意様の定義が曖昧
　　　　「年間5回以上かつ50万円以上のご利用」

❷ 新規の法人顧客数は減少傾向
　　　　年度ベースで見ると横ばい

❸ 新規の法人顧客の獲得が主要な課題
　　　　流出顧客の最少化が現在の最優先課題

順序立てて
考えれば
本質が見えてくる

本質
　本質
　　本質
本質

9 お得意様のニーズをつかめ

● ‥‥‥社内データを共有化する

　中居部長と木村主任は次の段階にさしかかっていました。
　ところで、ナンブ百貨店には、CS[*3]調査室があり、3年前から法人顧客のロイヤルティを調査しています。お得意様を増やすということは、顧客ロイヤルティを向上させることにほかなりません。
　たとえばあるお客様に、中元・歳暮だけでになく、結婚式などの引き出物、事務什器、各種キャンペーン・ノベルティなど幅広く利用していただくことです。
　ここで、お得意様のニーズが重要となります。そのデータはCS調査室が持っているのですが、これまでのところ他部門には共有化されてきませんでした。
　そこで中居部長は、再び稲垣取締役のところへ相談に行きました。

稲垣「先日はご苦労さん。ありがとう」
中居「実は、CS調査室の持っている顧客ロイヤルティのデータが必要になりまして‥‥‥。取締役から頼んでいただけないでしょうか」
稲垣「そのデータを全社的に共有化する方法を検討してくれ」

　そこで、中居部長と木村主任がCS調査室とのミーティングに臨むことになりました。こうして社内の関係部門で、経営課題を横断的に検討するトライアルが始まりました。

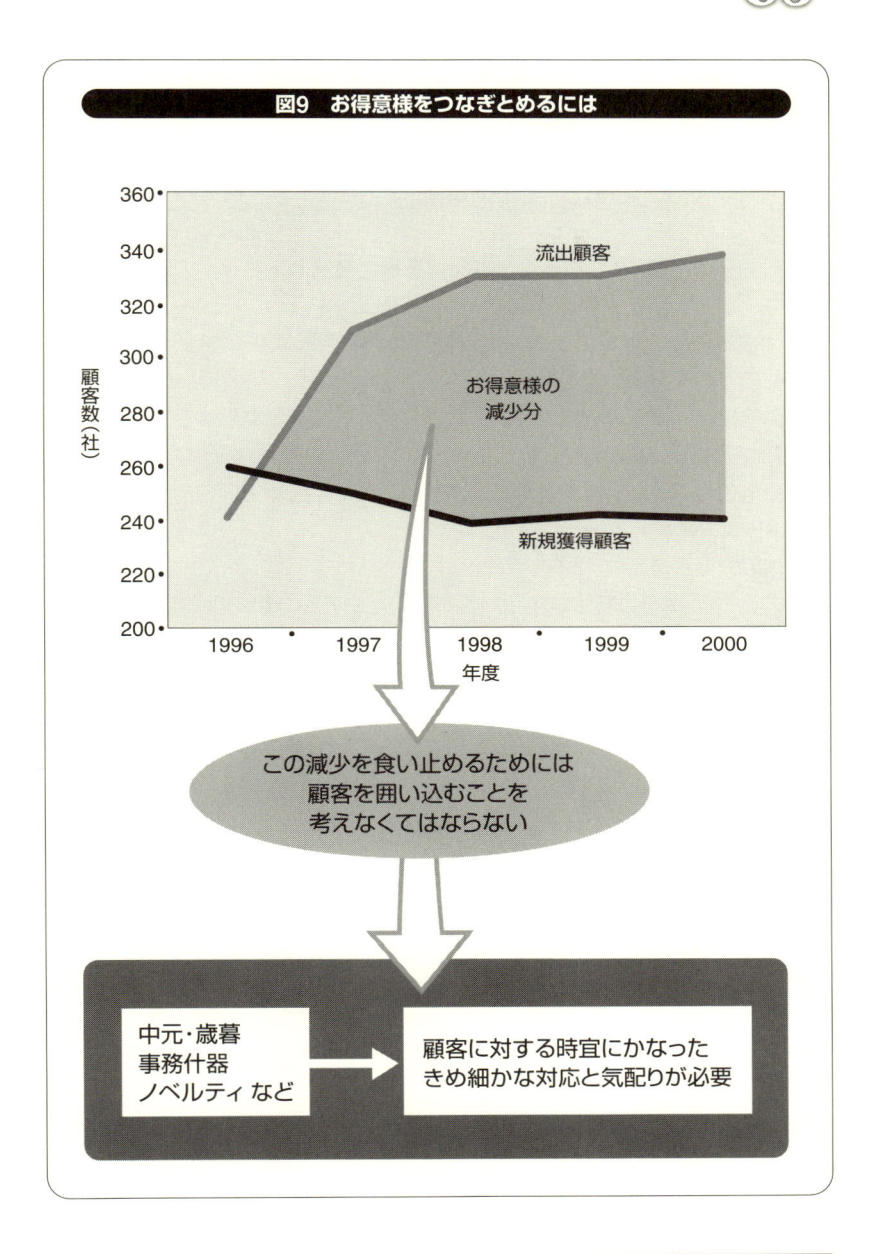

図9　お得意様をつなぎとめるには

顧客数（社）

- 360
- 340　流出顧客
- 320
- 300
- 280　お得意様の減少分
- 260
- 240　新規獲得顧客
- 220
- 200

1996　1997　1998　1999　2000
年度

この減少を食い止めるためには
顧客を囲い込むことを
考えなくてはならない

中元・歳暮
事務什器
ノベルティ など
→ 顧客に対する時宜にかなった
きめ細かな対応と気配りが必要

10 お得意様への拡販余地はあるのか？

●‥‥‥‥‥データこそ説得力の要

　木村主任は、図10にあるようなお得意様と商品カテゴリーの対応表を作成して、購入実績を把握することにしました。
　この作業には、パソコンの腕に自信のある若手社員が2人がかりで、1週間もの時間を費やしました。
　この結果は、再び役員会に報告されました。この活動を黙って見ていた草薙社長からも、「結論が出る前でも構わないから、ぜひ経過を教えてほしい。何でも報告してくれ」と頼まれていました。さて中居部長の報告によれば、

①今月のお得意様数は782社である。
②そのうち1種類の商品しか利用していただいていないのは340社で、お得意様全体の4割強だった。
③ご利用いただいたカテゴリーが3つ以下のお得意様は、全体の85％を占めている。
④4カテゴリー以上の商品をご利用いただいたお得意様は、全体の15％にすぎない。

　ここまで黙って聞いていた役員たちは、一様に複雑な表情になりました。なぜなら、社長に「ちゃんと顧客ニーズに合った品揃えをしているのか？」とか「CS調査結果から見て、これが妥当な内容なのかコメントせよ！」と言われることを危惧したからです。
　しかしながら草薙社長から特に厳しい指摘もなく、役員会は終了しました。
　どうやら、社長は"データによる議論"の重要性を認識したようです。

図10　お得意様の購入商品カテゴリー

	中元	歳暮	各種祭事	事務什器	各種用品	ノベルティ	通販	………
顧客A		✔						
顧客B			✔				✔	
顧客C	✔					✔		✔
顧客D				✔				
顧客E						✔		
顧客F				✔				
顧客G		✔						
顧客H	✔						✔	
顧客I		✔						

✔ 利用したことのあるカテゴリー　　　　拡販の余地のあるカテゴリー

↓ パレート図にまとめると

（パレート図：横軸　利用したカテゴリー数（1、2、3、4、5以上）、左縦軸　顧客数（社）、右縦軸　累積構成比（%）、折れ線：累積構成比）

11 管理の基本はシステム化

●‥‥‥‥効率的な情報共有

　今回の一連の報告内容が認められた結果、お得意様の流出防止を目的とした、顧客ニーズへの対応強化策立案が、草薙社長より全社に向けて指示されました。
　これを受けて、外商部のメンバーは顧客を効果的に管理するシステムを考えました。管理の基本は図のようなマトリクスがベースになっています。情報システム部長の香取さんが、顧客管理システムについて外商部に相談にきました。

香取「システム構築に必要な時間と費用はどのくらいかかるでしょうか？」
中居「情報システム部のエンジニア1人をプログラミングに1週間、その後のテストのために1週間程度貸していただければ十分だと思いますよ」
香取「どのくらいのシステム投資が必要になるでしょうか？」
中居「システム投資はいらないと思いますよ。いまあるパソコンを使えば済むでしょうから……」

　香取部長は、半信半疑といった表情で部屋を出ていきました。
　結局、木村主任が考案した顧客管理システムの仕様に基づいて、情報システム部のエンジニアが2週間余りでだいたいの仕組みを作り上げることができたのです。
　プロジェクトを通して、データや事実を日頃から共有化し、目的に応じてブレイクダウンしてきたおかげで、顧客管理システムの明確な仕様を最初から具体化できたのです。これによって予想を上回る短い時間で、余分なコストをかけずにシステムを構築することができました。

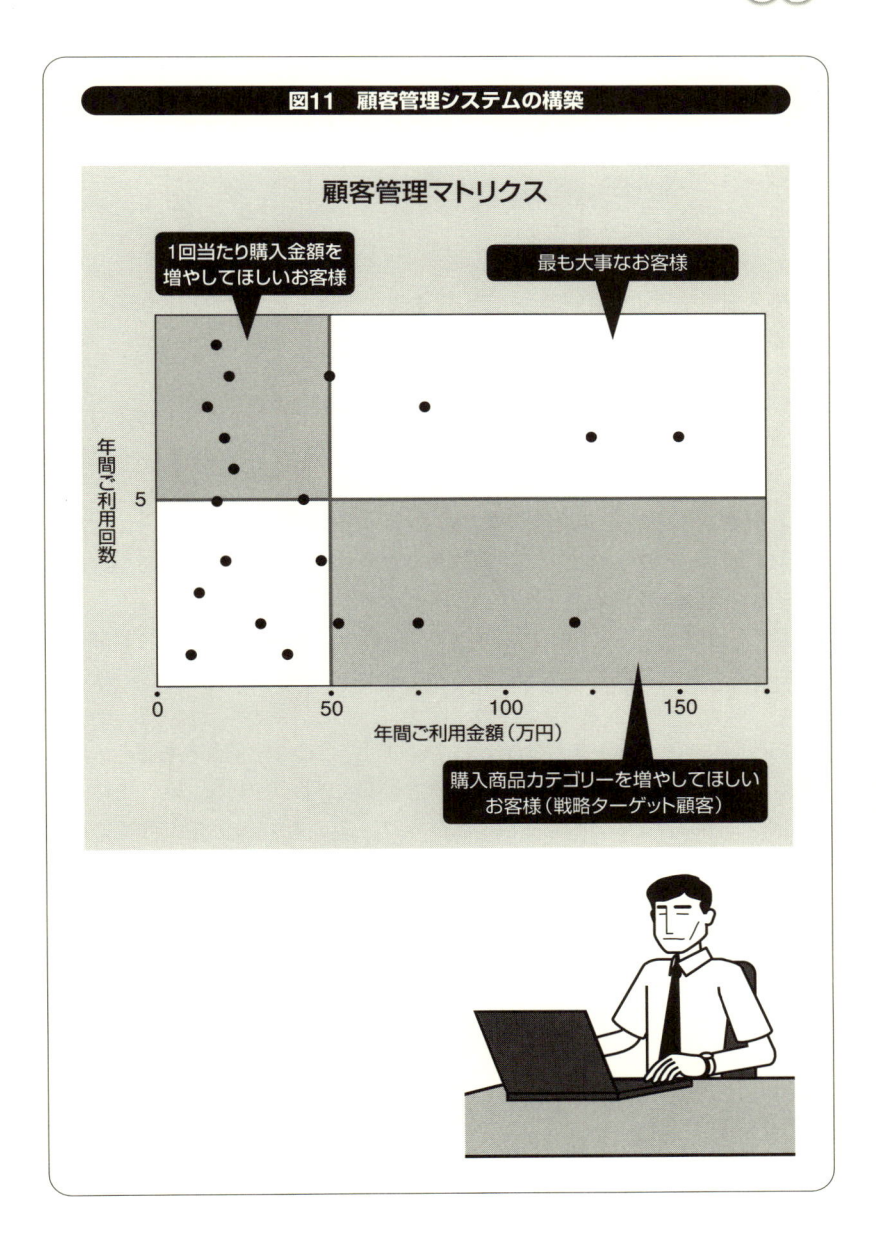

図11　顧客管理システムの構築

顧客管理マトリクス

- 1回当たり購入金額を増やしてほしいお客様
- 最も大事なお客様
- 購入商品カテゴリーを増やしてほしいお客様（戦略ターゲット顧客）

縦軸：年間ご利用回数（5）
横軸：年間ご利用金額（万円）（0, 50, 100, 150）

第2章 ●〈初級編〉お得意様を囲い込め

12 人材も育つシックスシグマ

● ……… 取り組み体制を整えよう

　それからしばらくして外商部は、顧客戦略部になりました。

　そもそも外商部縮小で始まった話にもかかわらず、対象となった部員たちの努力の甲斐もあって、いつしかナンブ百貨店の将来を担うマーケティング部隊に様変わりしたのです。

　決して、彼らが特別の手法、方法論、テクニックを持っていたわけではありません。よくシックスシグマでは、定量化、統計的手法がうんぬんされますが、今回に限れば、難しい統計手法は一切使用していないのです。ただし、口頭だけで説明する代わりに、図表やグラフを徹底的に使用してきました。いうなれば、目的を明確にして、自己満足ではなく、データをもとに論理的に、一歩一歩着実に階段を上っていったということでしょう。

　今回の活動に参加したメンバーは、すでに新たなテーマで取り組みを開始しています。草薙社長は、この成果を高く評価し、全社的展開を指示しました。

　プロジェクトリーダーを務めた木村主任は、こういった活動をもっと広く社員全体に共有化していく必要があると強く確信するに至りました。そのためには、外部の力を借りてでも、より体系的なプログラムを計画しなくては……。

　インターネット上で見つけた、とあるコンサルティング会社に相談すべく、木村さんはさっそく一通の電子メールを送りました。

　このようにして経験を積んだメンバーがこの考え方を別のメンバーに広めていくのが、いわばシックスシグマ的人材育成法なのです。

図12 プロジェクト経験が人を育てる

プロジェクト1
リーダー　メンバー

プロジェクト2
リーダー
メンバー

プロジェクト4
リーダー
メンバー

プロジェクト3
リーダー
メンバー

プロジェクト5
リーダー
メンバー

シックスシグマによる人材育成法

〈初級編〉用語解説

＊1 KKD
「勘・経験・度胸」の頭文字をとったもの。良い意味でも悪い意味でも日本的経営の特徴といわれている。

＊2 ヒストリカル・データ
実績推移の傾向を把握することができる過去のデータのこと。

＊3 CS（Customer Satisfaction）
顧客満足。これを満たすことが経営成果を上げるためには不可欠といわれている。

第3章

【中級編・その1】

みんな、会議が大嫌い
――会議、会議じゃ仕事ができない!?――

会社にいると会議はつきもの。
だけど、大勢の人が集まる会議って本当に必要なんでしょうか?
そんな疑問にシックスシグマでお答えしましょう。

▼

● ここで使うツール ●
COPQ
メトリクス

1 もっと、お客様と接したい

●…熱血営業マンの悩みとは

　ここシグマル食品営業部には、新進気鋭の営業マンが1人います。その名は、新庄クン。入社4年目、弱冠27歳の彼の悩みは、なんと、「会議」。

　なんでも、彼自身はもっと営業現場に出てお客様と接する時間を持ちたいのに、何かにつけ会議があってお客様とのアポもままならないとのこと。最前線の営業がこれでは、せっかくの取引先も競合他社に持っていかれかねないと、彼のイライラはピークに達しつつあるようなのです。

　シグマル食品は、中堅の加工食品メーカーで、2代目佐々木社長は、先代が築いた技術と顧客網を背景に、さらなる発展に意欲を燃やしています。研究熱心で新しいもの好きな社長ゆえ、何かあると、関係する社員を集めては会議を開きたがるのが玉にキズといったところでしょうか。

　もちろん新庄クンも新入社員時代は、社長自ら「営業とは何か」など講釈してくれることにある種の親近感すら覚えていましたが、最近は、お客様からすでに聞いていることだったり、自分には直接関係のない専門的な内容だったりすると、むしろ拘束されていると感じるようになっています。

　思い余って一度社長に意を伝えたこともありましたが、「おまえらのためを思ってのことなんだぞ！　何を根拠にそんなことを言うんだ！」と一喝されてしまいました。

　そのとき、熱血漢の新庄クンは「このままじゃ営業活動もままならない。なんとかして佐々木社長にひとアワふかせてやる!!」と心に決めたのです。とはいっても、日々仕事に追われる中で、そう簡単に社長を屈服させる手段を見つけられるはずもありません。そんな中で、ある取引先で耳にしたのがシックスシグマでした。聞けば、そこの社長が従来の考えを変えたとか……
「これは使える！」

SIX SIGMA 6σ

図1 改革の動機づけ

○○会議　販売戦略会議　○○会議

営業部内会議　社長訓話　殺菌技術説明会

社長です　私が

営業活動に使えるはずの時間が……

なんとか会議を減らせないものか……

2 きっとどこかにムダがある

●……COPQ のお話

　新庄クン、さっそく会社の知恵袋とあだ名される企画室長の鈴木さんに相談にいきました。鈴木室長によれば、シックスシグマに関してはすでに佐々木社長も書籍などで研究済みだとか。しかしながら、社長は「あれは生産部門にしか適用できない」と考えていたようです。
　がっかりした表情の新庄クンに、鈴木室長が1つアドバイスをしてくれました。

鈴木「君の言うように会議のせいで営業がままならないなら、それは会社にとっての不利益だ。試しに会議による"時間的な損失"とアポがとれないといった"機会損失[*1]"とを分けて、計算してみてはどうかな？」
新庄「計算といってもどうやるんですか？」
鈴木「たとえば、先月会議に要した時間は調べてみればわかるな。では、会議のせいで出席できなかった商談会はどのくらいあったかな？」
新庄「先月なら、メモを見れば思い出せますから……」
鈴木「時間的な損失は、自分の作業工賃をかけてお金に置き換えてごらん。機会損失も会議のせいで結果的に取り損ねた契約などがあったら金額化してみたらいい。シックスシグマではこのような金額指標のことをCOPQ[*2]（Cost Of Poor Quality）と呼ぶんだ。会議が全部ムダというわけじゃないけど、たくさんの会議に出席して契約が取れないんじゃ困るよね」

　鈴木室長に言われるまま、新庄クンも半信半疑で計算してみると、先月分だけで自分の月給よりも多い金額になってしまったではないですか。
　「これはいったい……」

図2　時間的損失と機会損失

時間的損失とは

月間業務時間数 200時間

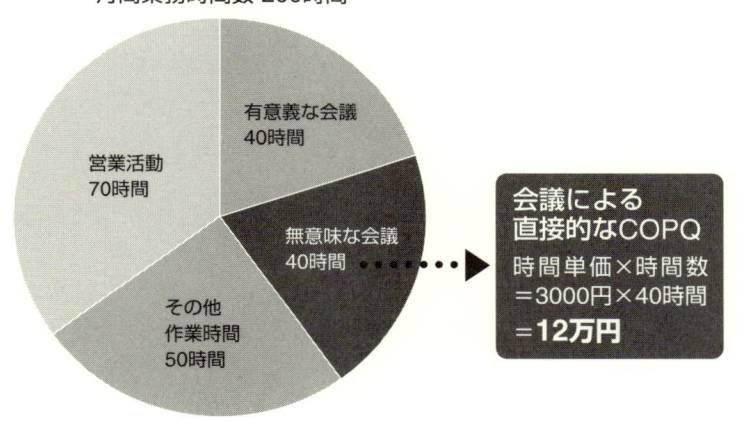

- 有意義な会議 40時間
- 営業活動 70時間
- 無意味な会議 40時間
- その他作業時間 50時間

会議による直接的なCOPQ
時間単価×時間数
＝3000円×40時間
＝**12万円**

機会損失とは

- 会議時間が延長して客との商談がキャンセルになった
- 急遽会議日程が変わって、スーパー合同商談会に出席できなくなってしまった

結果的にとれたはずの**20万円分の契約**がお流れになった

3 広く周りに耳を傾けよう！

● ‥‥‥問題点を明確に絞り込む

　鈴木室長にすすめられるまま、シックスシグマの世界に足を踏み入れてしまった新庄クン。会議についての負担感は自分たち営業部だけの問題なのかどうかを確かめたくて、同期入社の商品開発部の長谷川さんに聞いてみました。

長谷川「ほんと、ウチって会議が好きな会社だよなあ。こうやって会議時間をグラフにするとよくわかるよ」
新庄「やっぱり会議が多いなあ。社長からして会議好きだからさ、上の人たちもなにかっていうとすぐに会議をしたがるよな。これってなにも営業部に限ったことじゃないんだね」
長谷川「会議の件で社長と勝負したいんだろ？　だったら、各部の同期の連中に声をかけて皆でやってみたらどうかな？」

　こうして、製造部の伊良部さん、購買部の野茂さんの合計4人の自称「会議改革メンバー」が結集しました。しかも、うれしいことに鈴木室長がアドバイザーとして参加してくれたのです。もちろんテーマは「会議を減らそう」です。もっとも、このテーマに関する会議を増やすのは主旨に反することなので、メンバーの討議が必要なとき以外はお互いに電子メールで情報交換をすることにしました。
　また、おおっぴらにできない活動なので、就業時間中には行なわず、必要なやり取りや討議は時間外に行なうことも申し合わせました。
　まず、メンバーは自分たちの部署で、新庄クンが行なったように会議時間のデータを集めてグラフ化することから始めました。これらのグラフを集めてわかったことは、業務時間の半分近くが会議に使われているという事実だったのです。やはり、問題は多すぎる会議にあるようです。

図3　データを集約してみると

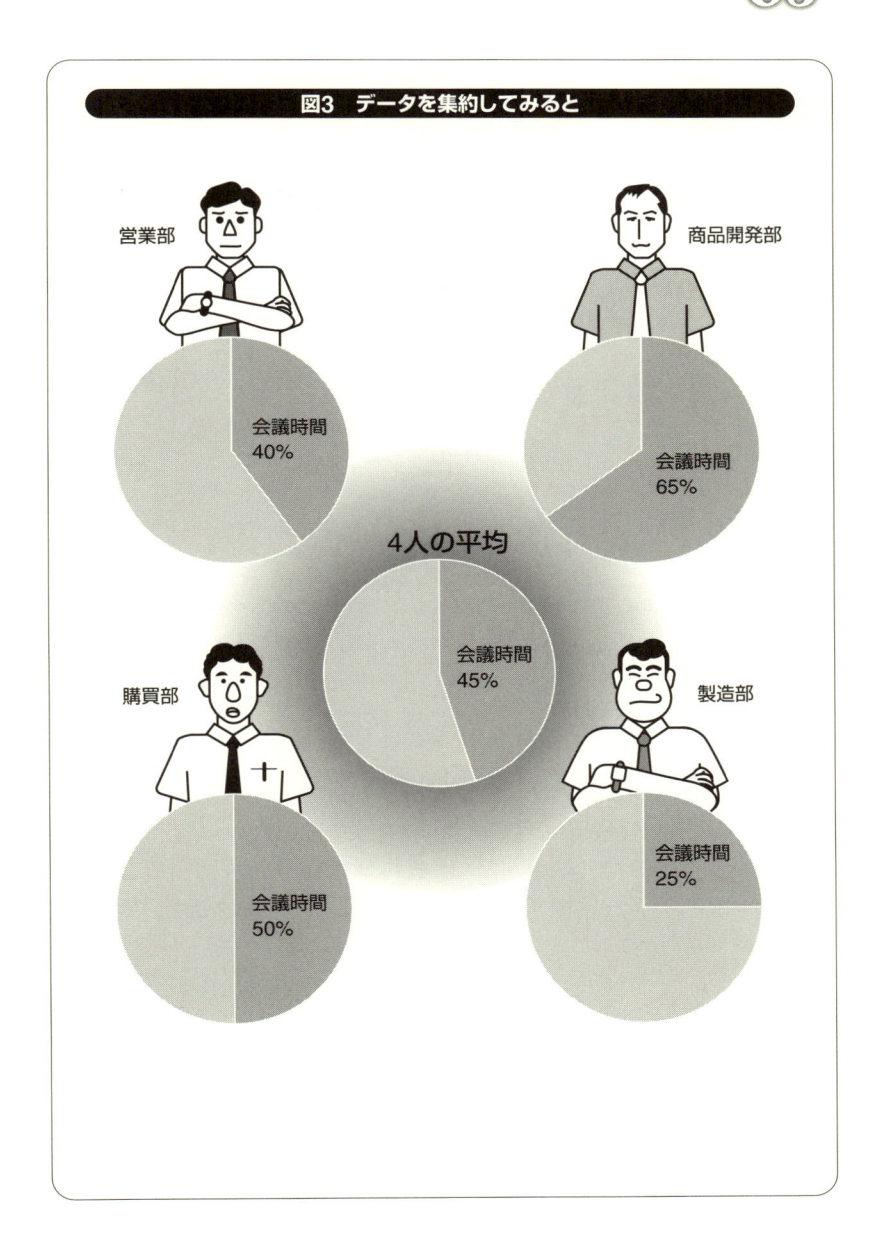

営業部
会議時間
40%

商品開発部
会議時間
65%

購買部
会議時間
50%

製造部
会議時間
25%

4人の平均
会議時間
45%

第3章 ● 〈中級編 その1〉みんな、会議が大嫌い

4 会議を測る尺度って、何？

● ‥‥‥会議目的の達成度合いを定量化する

次にメンバーが集まって討議することにしたのは、会議そのものをどうやって評価するのかということでした。

長谷川「それぞれの会議には開催の目的があるわけだから、どんな種類があるのかを分類してみないとな」
野茂「種類もそうだけど、会議そのものに意味があったのかどうかをよく考えてみないといけないんじゃないか」
新庄「営業部では、ただ伝達事項だけの会議も結構あるんだ。そんなことは電子メールか張り紙でも十分なのに」
鈴木「じゃあ、会議がうまくいったかどうかを測るための尺度を決めてみてはどうかな。つまり、議題や会議目的が、会議終了時点でどれだけ達成できたかを数値化してみるんだ。たとえば、目的を完全に達成できたら3、まったくできなかったら0といった具合にね（図参照）」

鈴木室長が提案したような尺度を、シックスシグマでは「メトリクス[*3]」と呼びます。長さや時間のように世間で決まったモノサシがある場合には、改めて定義する必要はありませんが、事務系部門ではみんなの共通認識となるような尺度がないことが多く、新たな尺度を設定することが必要です。また感覚的な議論を避けるうえでも、こういった尺度や数値化が不可欠といえます。
　会社の中では、歴史的経緯によってその部門でしか使わない部門用語が結構あったりするものです。しかし会社全体で歩調を合わせて活動しようとすれば、こうした部門用語を「社内共通語」に昇格させることも時には必要でしょう。このような場合にメトリクスという考え方は大いに役立つことと思います。

図4 会議のメトリクス

メトリクス：会議目的の達成度合い

指標値	判定の基準
3	議決、通達内容など参加者全員一致で会議の目的を100％達成したと考えられる場合
2	参加者全員あるいは一部にとって会議の目的を8割程度達成したと考えられる場合 （未決、持ち越しが2割程度あった）
1	参加者全員あるいは一部にとって会議の目的を3割程度しか達成できなかったと考えられる場合 （未決、持ち越しが7割程度あった）
0	参加者全員にとって会議の目的をまったく達成できなかったと考えられる場合 （すべて未決、持ち越しとなった）

5 だけど、やっぱりコストが知りたい

●……会議のコストと目的達成度合いの関係

　さて会議の評価尺度、つまりメトリクスとしては「会議目的の達成度合い」という新しい概念を導入することにしました。では、このメトリクスと会議時間あるいは回数だけで会議を評価することができるのでしょうか？　先ほどの討議の続きを覗いてみましょう。

伊良部「われわれの製造部では、日頃からやかましく生産コストのことをいわれるんだ。会議も参加者の人件費がかかっているわけだから、そのコストに見合った成果を出す必要があるんじゃないか？」
長谷川「確かに1回の会議にかかったコストとその成果の関係を考えてみなくてはならないだろうな。もし仮に目的達成度が0の会議であれば、コストがムダになったことになるわけだ」
新庄「ええと、そういうコストをCOPQって呼ぶんですよね？」
鈴木「そうだ。しかも目的が達成できなかった会議は、会議そのものが失敗だったことになる。こういったことを避ける意味でも、目的達成度が3とか2になるように会議を運営すべきだろうな」
新庄「すると、特に会議というのは、最小限のコストで目的達成度が高くなるのが望ましいわけですね」

　新庄クンの説を図に示してみると、矢印の方向にいくほど、理想的な会議形態ということになります。ここで注意したいのは「会議参加者の人件費＝コスト」と考えてしまうと、時間単価の高そうな人たち、つまり役員や部長が参加する会議は必然的にコストが高くなるということです。しかし会議の目的に応じて参加者が決まるわけですから、短絡的にコストが高い会議が悪いということにはなりません。

図5　目的達成度とコストの関係

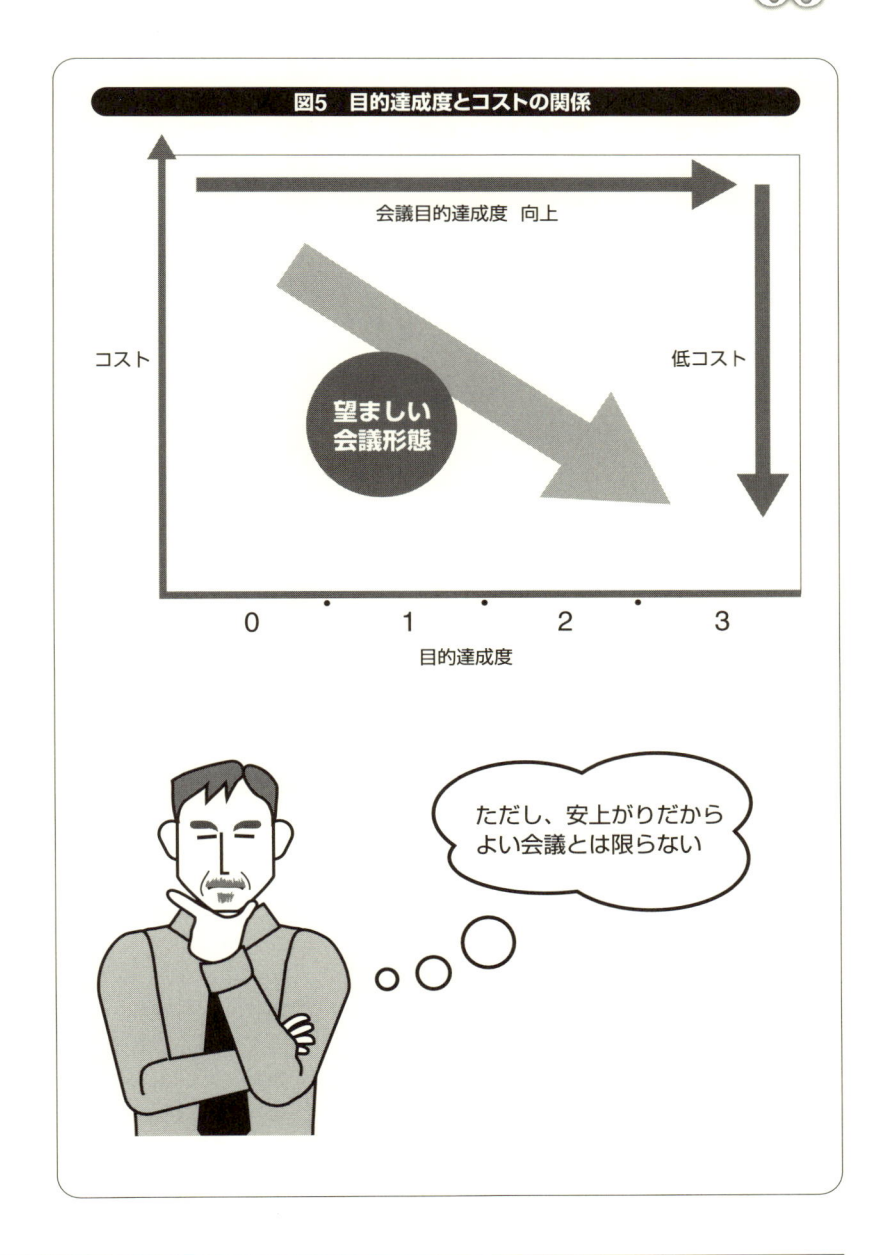

会議目的達成度　向上

コスト

低コスト

望ましい
会議形態

0　　　1　　　2　　　3

目的達成度

> ただし、安上がりだから
> よい会議とは限らない

6 営業部での会議の実態

●……これまでのデータを見直そう

　新庄クンは、先日のメンバー討議をふまえて、再び営業部の会議の実態を分析してみることにしました。
　先月1か月間の営業部内および関係部門の会議の議事録から、それぞれの出席者、会議時間、会議目的の達成度合いを調べて、前述のコスト対目的達成度のグラフに書き込んでいきます。このグラフから、1か月間の営業部で目的達成度ごとに占める会議コストの割合を知ることができます。
　このグラフを見てわかったことは、このような単純なメトリクスで考えた場合に、目的達成度3と2が全体の会議コストの6割で、残りの4割はうまくいかなかった会議に費やしたコスト、つまりCOPQといっても過言ではない状態だったのです。それ以外にもこの分析を通じて、次のような関係が見えてきました。

◎目的達成度が0だった会議のほとんどは、再度同じ会議を行なっており、会議にかけた時間が長い。
◎会議の時間が長ければ、それに応じてコストもかかっている。

　この結果を見て新庄クンは、以前自分の参加した会議についてCOPQを考えたとき以上に、事態は深刻なのではないかと、ますます危機感を強めたといいます。
　そこで、メンバーに営業部の分析結果を伝えるとともに、ぜひ各自同じような分析をしてくれるように協力を要請しました。鈴木室長からも、「うまく現状把握ができたようだな。この分析結果をもとに、今後の進め方を決めていこう」と支持を得ることができました。
　そろそろ、新庄クン1人の問題ではなくなってきたようです。

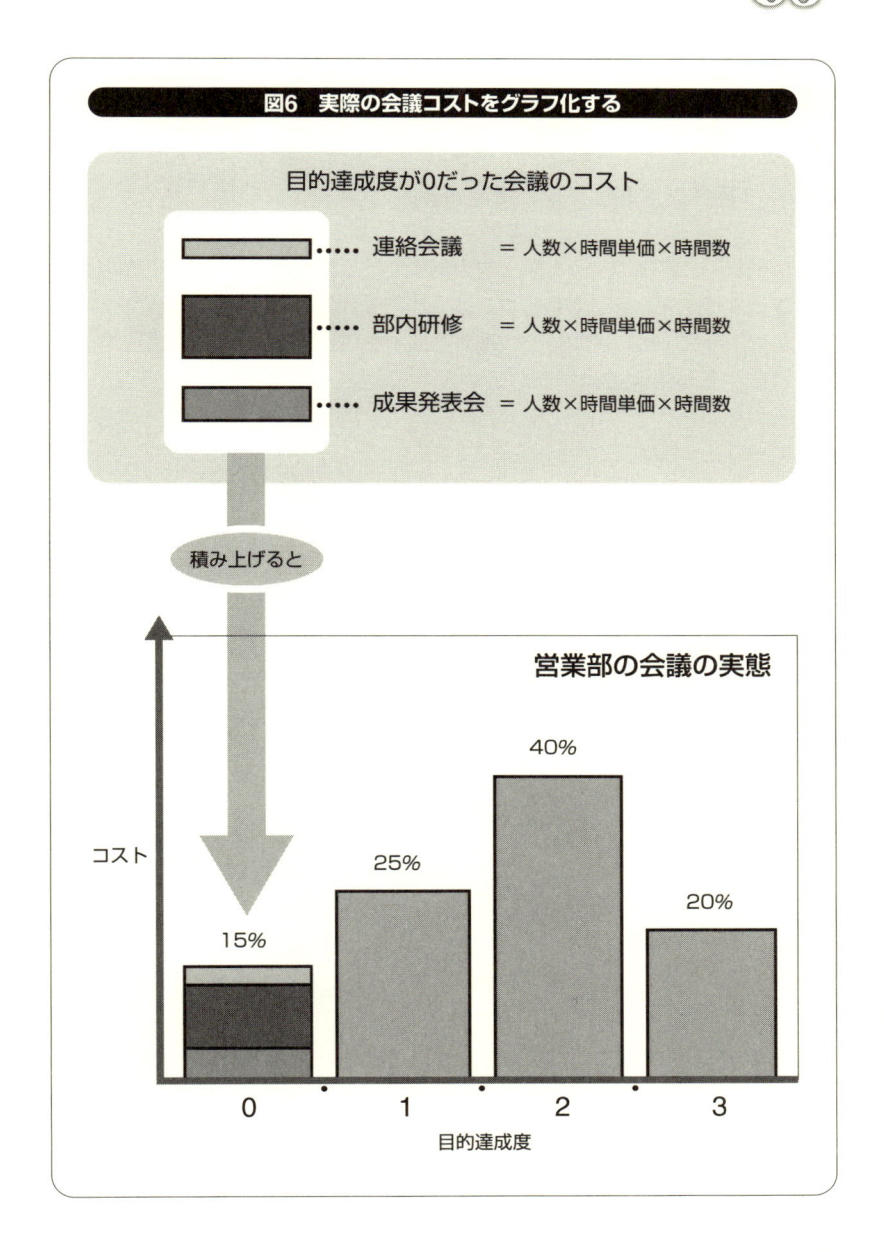

図6 実際の会議コストをグラフ化する

目的達成度が0だった会議のコスト

- 連絡会議 ＝ 人数×時間単価×時間数
- 部内研修 ＝ 人数×時間単価×時間数
- 成果発表会 ＝ 人数×時間単価×時間数

積み上げると

営業部の会議の実態

コスト

- 0: 15%
- 1: 25%
- 2: 40%
- 3: 20%

目的達成度

7 どこに向かって進もうか？

●……目標をメトリクスで設定する

　どうやら、ここまでくると新庄クンだけでどうこうできる問題ではなくなってきたようです。そこで新庄クンは、ここまでの活動内容について吉井営業部長以下部員全員に説明して、理解と協力を取りつけることを決意しました。といっても1人では不安なので、鈴木室長にも立ち会ってもらうことにしました。

新庄「……以上ご説明した通り、営業部全体で会議に費やしている時間やそれに伴うコストが大きい割には、せっかく開いた会議の目的が達成できていない場合が多いことは明らかだと考えます。ですから、ここでは会議の目的を事前に明確にし、会議終了時までに目的を達成できる割合を今より20％アップさせることを提案したいと思います」
吉井「しかしねえ、会議の中でいつも結論が出るとは限らないんじゃないの？」
新庄「ですから、まずは目的達成度0の会議をなくすことから始めたいと考えています」
鈴木「具体的な方策については、まだまだ考えなくてはならないと思いますよ。ただ彼が言いたいのは、しばらくの間営業部の中で行なわれる会議については、いくつかの改善策を試してみたいということなんですよ」
吉井「鈴木君がそこまでいうなら、1か月間だけだまされたと思ってやってみるか……。新庄、具体案ができたらすぐに私に見せてくれ」

　新庄クンの執念が実って、なんとか部長たちを説き伏せることに成功したようですね。いきなり会議運営の全面改定ではなく、段階的変更を検討しておくことが不可欠といえます。

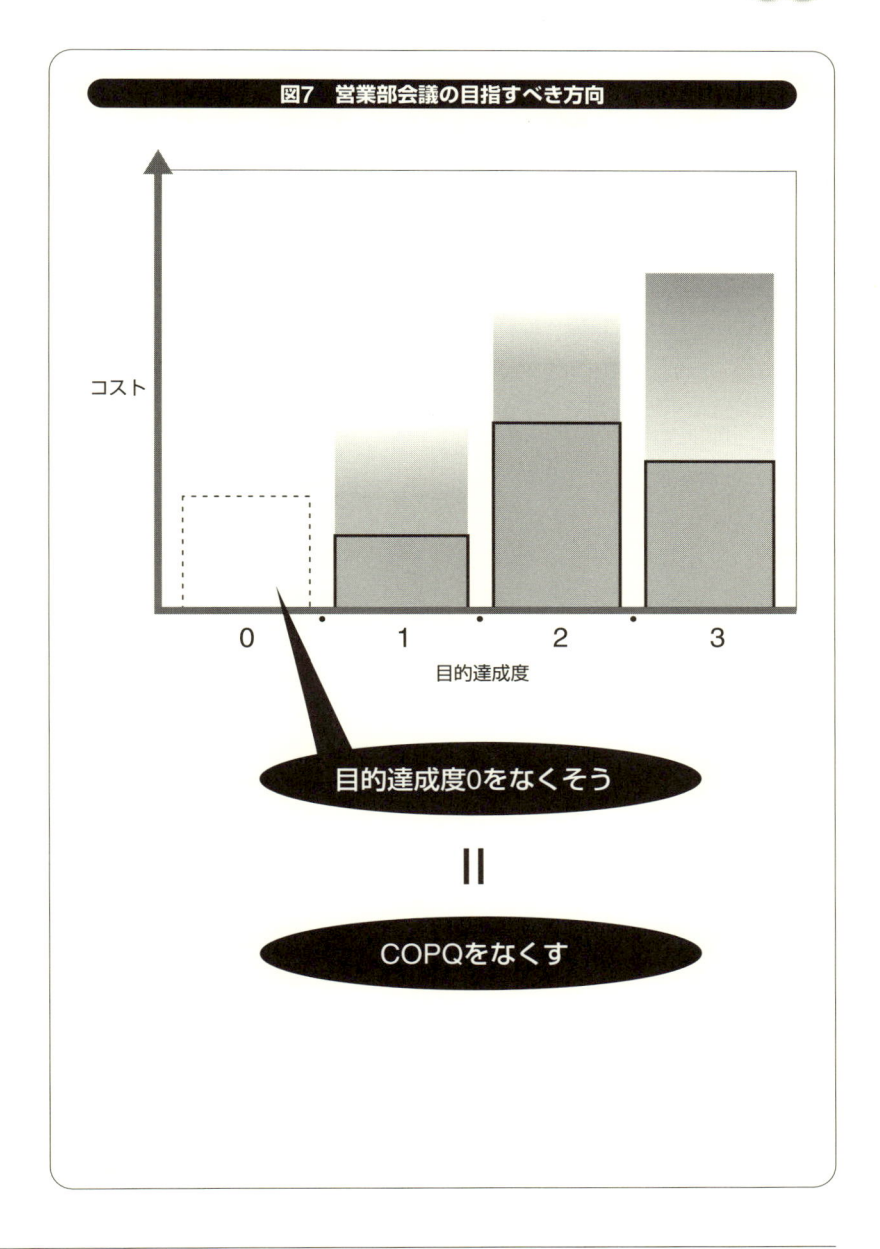

図7 営業部会議の目指すべき方向

コスト

0　1　2　3
目的達成度

目的達成度0をなくそう

＝

COPQをなくす

第3章 ●〈中級編 その1〉みんな、会議が大嫌い

8 ワイワイ、ガヤガヤ考えよう

● ……メンバーみんなで具体案をまとめる

　新庄クンを中心とする自称「会議改革メンバー」に営業部の有志を交えて、具体的な改善案を討議しようとしています。
　この検討会議そのものも、効果的に運営するために、会議の冒頭で達成目標を明確化することにしました。それは「1時間の会議の中で、具体案を3つ決める」というものです。

新庄「先日も説明したように、会議の冒頭で目的を改めて明確にし、到達目標を決めることは不可欠だと思う」
鈴木「安易に会議を招集する前に、主催者は目的と人選を考えないとね」
長谷川「ウチは結構会議の遅刻者が多いんで、遅刻者反則金制度をやったことがあるよ」
野茂「でも、どちらかというと今回は制限時間オーバーにペナルティーじゃないの？」
伊良部「じゃあ反則金がたまったら、みんなで飲みにいこう（笑）」
営業部員A「もし次回に持ち越す場合には、必ず宿題と担当者を明確にしたらどうかな？」
営業部員B「仕事柄、会議資料に凝りすぎてる気もするな。社内用だったらもっとシンプルなものでも十分じゃない」
伊良部「会議時間短縮を考えれば、進行役と記録係が必要だよ、きっと」
鈴木「よーし。ここまでの議論から3つ選ぶにはこうしたらどうかな？」

　こう言うと、鈴木室長は簡単な表を書いて説明しました（図8）。
鈴木「目的達成を確実にするには、◎と○のついた数の多い項目ほど影響力が大きいんじゃないかな？　だからこの3つをまず選んでみよう」
　今回の討議からうまく3つの改善案を選び出せたのでしょうか？

図8　改善策の選び方

改善案	目的達成への影響要因				優先度
	適切な参加者	会議時間	開催回数	議案数	
会議到達目標の事前の明確化	○	◎	○	◎	高
資料作成などの事前準備効率化		○		○	低
遅刻防止		◎			低
会議時間延長防止		◎	○	○	中
次回持ち越しルール（宿題、担当者決め）	◎	○	◎	○	高
会議内の役割分担決め	○	○			低

◎：影響大
○：影響中
空欄：影響なし

優先度が「高」と「中」になった3つの改善案は会議改革へのキーポイント

9 提案を試してみたら

●‥‥‥試験的運用のススメ

　鈴木室長のアドバイスを受けて、会議改革の提案をまとめた新庄クンは、さっそく吉井部長の承認をもらいにいきました。
　許された試験期間は1か月。3つの限定施策だけで、果たして成果があがるのでしょうか？

①主催者が会議の目的と到達目標を事前に通達する。
②次回持ち越しの宿題と担当者を明確に決める。
③時間オーバーは、1回につき主催者が500円の反則金として募金箱に入れる。

　言い出しっぺの責任上、新庄クンは自分自身で毎週末に会議コストと目的達成度の集計を行なってきました。時期によって開かれる会議の性格が一定しているわけではありませんから、一概にはいえないのですが、でも確実に成果があがっているようです。
　1か月後の結果は、図のようになりました。

　懸案の会議目的の達成度合いは、目標以上に改善をみました。それ以外にも1か月間の会議の開催回数が減りましたし、それにつれて会議にかかったコストも改善策実施前に比べて、若干ですが減少しました。そして何より、新庄クンを含めて営業部員が、会議が効率化したことによって、本来の営業活動に使える時間が明らかに増えたという実感が持てたのです。
　もちろん新庄クン自身は、これを証明するためのデータ分析をしっかりと行ないました。その結果、約10％もの業務時間が会議から営業に切り替わったことがわかったのです。

新庄「よし、いよいよ社長に報告だ！」

図9　試験的運用の結果

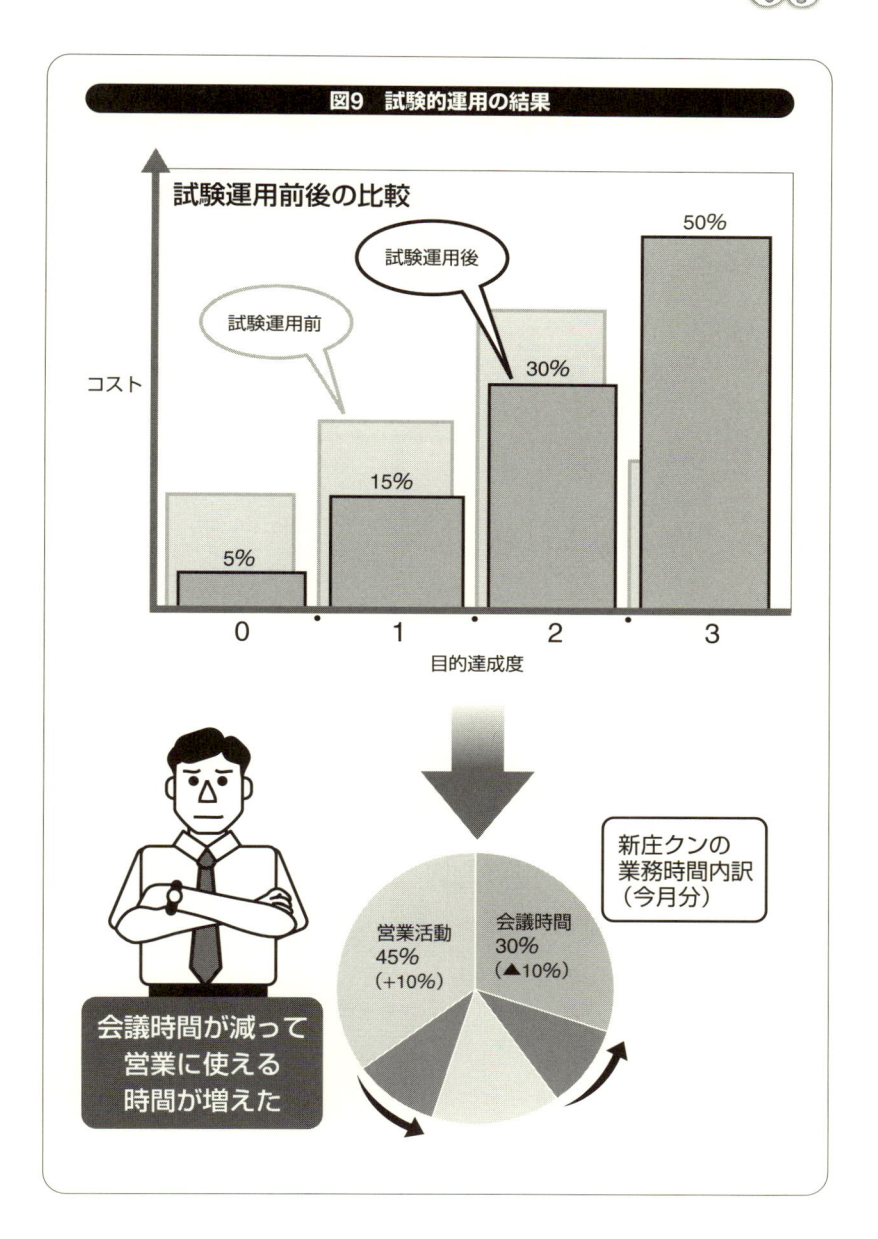

試験運用前後の比較

コスト

- 0: 5%
- 1: 15%（試験運用前）
- 2: 30%（試験運用後）
- 3: 50%

目的達成度

新庄クンの業務時間内訳（今月分）

- 会議時間 30%（▲10%）
- 営業活動 45%（+10%）

会議時間が減って営業に使える時間が増えた

10 データを持って社長と勝負!?

●・・・・・・・・・全社展開のもくろみ

　さて、営業部の成果を佐々木社長に報告しようと意気込んでいる新庄クン。しかし、一連の動きを社長が知らないはずがありません。鈴木室長を通じて、活動の概要は承知のうえで、黙って様子を見ていただけなのです。

　そんなこととは露知らず、新庄クンは鈴木室長に頼んで、社長と直接対決する場を設定してもらうことにしました。そんな新庄クンに鈴木室長からまた助言がありました。

鈴木「あくまで、クールヘッド＆ウォームハートでいけよ」

　社長への報告会には、会議改革メンバー全員と吉井営業部長が出席しました。開口一番新庄クンは、「僕はもっと営業がしたいんです！」と切り出しました。一通りの報告を聞き終わった社長は、おもむろに口を開きました。

佐々木「ところで、これでキミは何か儲けることができたのかね？」
新庄「えっ？ いや、あの、自分の営業成績とは、あまり関係しては……」
佐々木「甘い！ 時間が増えた分でどれだけ受注が増えたか調べてから出直してこい！ データ、データと言うわりには、肝心な点の分析が抜けているじゃないか」
吉井「お言葉ですが社長、私が集計した結果では、今月の受注は確実に増えております。これは営業部の会議改革の成果として十分に評価できると思いますが……」
佐々木「じゃあ、全社的にやったほうがいいというんだな？ よし。そこにいる若手を中心に2か月で成果を出してみろ。ただし、今度は利益をきっちりと報告してもらおう」
新庄「わかりました。では今後、会議改革活動は公然とやらせていただきます」

図10　利益の観点から考えよう

新庄クンの
業務時間内訳

営業活動
+10%

この増加分が営業利益に
どれだけ貢献したのか？

さらなる検証が
必要だ！

11 さらなる改革の継承者

● ········ 真のテーマは COPQ 削減

　結局、佐々木社長の掌で踊らされた気分の新庄クンでしたが、後から鈴木室長から聞いた話では、社長がいちばん興味を持ったのは、ムダな会議コストや営業機会損失といった"COPQ"削減の可能性にあったようです。
　それを聞いた新庄クンの頭の中を一瞬いやな予感がよぎりました。

新庄「ということは、シックスシグマに関する社長の講釈が始まることになるのでは……？」

　案の定、彼の予感は的中し、おまけに彼自身会議改革プロジェクトの「首謀者」として、体験談を解説する羽目になってしまいました。どうやら社長は、全社的にシックスシグマの考え方を定着させていきたいと考えを変えたようです。

新庄「おかしいなあ。これじゃ、また営業活動に回す時間が減ってしまうよ」
鈴木「そう、ぼやきなさんな。これはこれで今ウチが取り組まなきゃならない課題なんだし、何より社長の期待は相当なものだぞ。どうだい、しばらくシックスシグマに取り組んでみないか？」
新庄「室長まで、そんなこと言うんですかぁ。まったく参っちゃうよな」

　と、口ではなんだかんだと言いながらも、新庄クン自身、この方法をほかのテーマにも使ってみたいと考えている自分がもう一方にいることに気づいたようです。
　そう、気づくとはまってしまっている、そんな不思議な魅力がシックスシグマにはあると考えるのは、新庄クンたちだけでしょうか？

図11　改革するための共通認識

経営方針
COPQを減らせ！

データ
（事実）

改革手段
もっとシックスシグマを
展開しよう！

改革目的
営業ががんばれる
環境を作ろう！

〈中級編その1〉用語解説

＊1 機会損失
例えば「その製品がなかったから売れなかった」ような場合。売り手にとって物理的な損はないが、製品があれば入ってきたはずの金額分を「損失した」とする考え方。

＊2 COPQ（Cost Of Poor Quality）
製品に限らず、サービスの品質や経営、仕事のやり方が悪いことで発生してしまう余計なコスト。

＊3 メトリクス
具体的な評価尺度、基準、モノサシ。「物事の善し悪し」「問題の大きさ」などを測定／評価する指標。

第4章

【中級編・その2】
ゴルフ場経営も楽じゃない
——シグマカントリークラブの試み——

近頃はやりの、顧客満足度とか集客力とは、
いったいどういうものなのでしょうか?
究極の目標ともいえるこの指標を徹底的に考えてみました。

▼

● ここで使うツール ●

メトリクス
顧客アンケート
品質機能展開(QFD)
顧客ニーズマップ
レーダーチャート
特性要因図(魚の骨)
実験計画法(DOE)

1 支配人の悩み

●…侮れないのはマスコミの評価

　お客様の満足度とか施設の集客力と一言でいっても、その実態は簡単にわかるものではありません。ここでは、究極の目標ともいえるこの指標について、あるゴルフ場の例を取り上げてみましょう。

　中京地区にある「シグマカントリークラブ」は、この地区で名門といわれるゴルフ場です。ゴルフ業界は、近年集客を目的にしたプレー料金の値下げによる価格競争が激化しており、シグマカントリークラブも少なからず影響を受けています。
　しかし、プレー料金の値下げはどこでも行なっているため、あまり効果的な方法とはいえず、支配人の尾崎さんも集客策に頭を悩ませています。
　そんなある日、尾崎支配人が月刊ドラコン誌の「ゴルフ場徹底評価」という記事を見ていると、思わぬ結果が目に飛び込んできました。
　この専門誌では、全国のゴルフ場を5項目について評価し、上位50位と、地域別にいちばん評価の高いゴルフ場を掲載していました。シグマカントリークラブは、中京地区で総合1位に輝いていたものの、隣接する新興ゴルフ場の「アルファ国際ゴルフ場」やその他のゴルフ場に"サービス・特典の満足度"などの項目の獲得ポイントでは負けていたのです。こうした雑誌記事は、ゴルフ場にとっては、放っておくと命とりにもなりかねません。尾崎支配人は大きな危機感を持ちました。

　そこで支配人は、会員がシグマカントリークラブをどのように評価しているのか、またどのような要望があるのかを聞き出すことに決め、集客策の検討を管理部の部員に指示しました。シックスシグマの出番がきたようですね。

図1 月刊ドラコン「ゴルフ場徹底評価」

中京地区のゴルフ場 ⇒ プレーヤー1000人アンケート

総合評価
- 1位 **シグマカントリークラブ** 45点
- 2位 アルファ国際ゴルフ場 42点
- 3位 猿滑ゴルフ場 35点
- 4位 奥木曽ゴルフ倶楽部 33点
- 5位 南伊那国際ゴルフクラブ 30点

クラブ施設の満足度
- 1位 **シグマカントリークラブ**
- 2位 アルファ国際ゴルフ場
- 3位 猿滑ゴルフ場

従業員・キャディの接客の満足度
- 1位 アルファ国際ゴルフ場
- 2位 **シグマカントリークラブ**
- 3位 湯の花カントリー

サービス・特典の満足度
- 1位 アルファ国際ゴルフ場
- 2位 奥木曽ゴルフ倶楽部
- 3位 南伊那国際ゴルフクラブ

プレー料金の満足度
- 1位 猿滑ゴルフ場
- 2位 奥木曽ゴルフ倶楽部
- 3位 豊橋クラブ

コース(整備・設計・景観)の満足度
- 1位 **シグマカントリークラブ**
- 2位 南伊那国際ゴルフクラブ
- 3位 津国際カントリー

シグマカントリーの弱点は「サービス・特典」と「プレー料金」?

マスコミの評価も重要なお客様の声

2 失われた経営指標

●……シグマカントリークラブの評価基準を決めよう

　支配人に集客策の検討を求められた管理部の部員たちは、さっそく会議を開き、今後の進め方を考えることにしました。
　まず、シグマカントリークラブの現状をどうやって測るのか、評価するための"モノサシ"を決めることにしました。シックスシグマでは、この"モノサシ"のことを「メトリクス[*1]」といいましたね。今回のケースでは、いったいどのようなデータを集めたらよいのでしょうか。

　ある営業部の担当者から、最近のシグマカントリークラブに対するお客様の評判がよくないということを指摘されました。雑誌の評価記事でも近隣のゴルフ場にいくつかの点で負けており、お客様からも「サービスの質が落ちているのではないか」といったクレームが寄せられるようになったというのです。
　これまでも会員やビジター利用者のためにプレー料金の割引やクーポン割引券の発行など、利用料金の割引を中心とする集客策を行なってきましたが、その効果や利用者の評価を確認したことはありませんでした。
　本当にお客様に利用してもらうために有効な手段なのか、ほかに検討すべき課題があるのか、実際に利用しているお客様に聞いてみなければわかりません。

　今回は、当クラブにプレーしに来ているお客様から直接、このゴルフ場に来て感じたことや満足な点、不満な点を聞き出し、それに基づいて現状を評価してみようということになりました。つまり、評価のメトリクスは「お客様の満足度（＝顧客満足度）」ということになります。

　次に、このためのデータ収集方法を具体的に決めていくことにします。

図2　比較する基準を決めよう

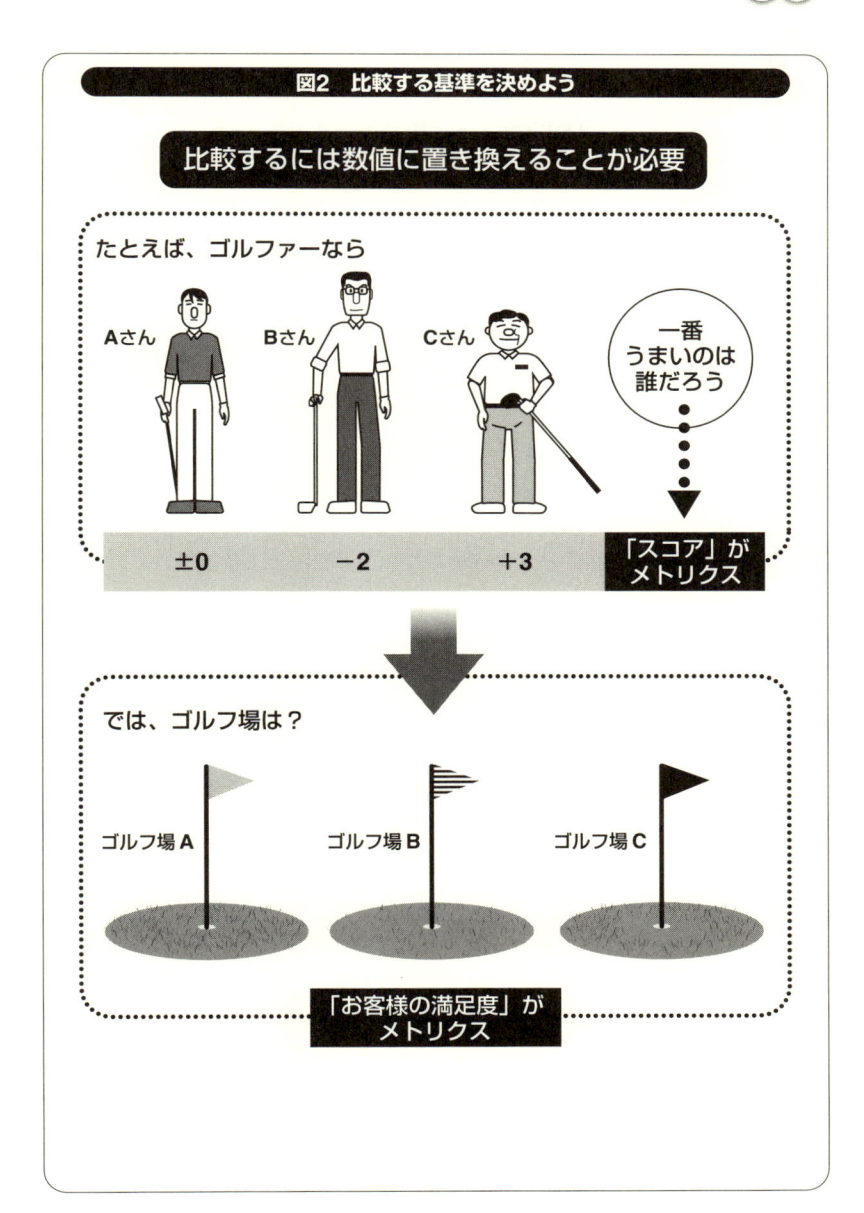

比較するには数値に置き換えることが必要

たとえば、ゴルファーなら

Aさん　　Bさん　　Cさん　　一番うまいのは誰だろう

±0　　　−2　　　+3

「スコア」がメトリクス

では、ゴルフ場は？

ゴルフ場A　　ゴルフ場B　　ゴルフ場C

「お客様の満足度」がメトリクス

3 お客様の本音を聞きたい〈Ⅰ〉

● ……顧客アンケートの設計

　データの収集は、営業担当者から聞いたお客様の声を検証するために、多くの意見を集めることができるアンケート調査で行なうことにしました。
　まず、アンケートの実施を計画するときには、いくつか明確にしておくことがあります。
　1つめは、調査テーマ（利用者の何を知りたいのか）です。ここで知りたいのは、

①シグマカントリークラブに対する満足度
②その満足度はゴルフ場のどんな施設やサービスによって決定されるのか

という2点です。そこで調査テーマは、「シグマカントリークラブの顧客満足度とゴルフ場施設・サービス評価」とします。
　2つめは、アンケート票の設計です。"満足度がどのような設備やサービスによって決定されるか"ということについて「仮説[*2]」を立てます。この「仮説」をもとに、具体的な質問項目を作りますから、ここでアンケートの成否が決まるといっても過言ではありません。
　アンケートの作成担当者となった管理部の丸山さんは、普段お客様に接しているわけではありません。当初は、同じ管理部員同士で話し合って作ろうとしたのですが、どうも"プレー料金の割引"など、ごく当たり前の意見しか出てこないのです。
　そこで丸山さんは、キャディさんや営業部員といった現場の人たちにも、お客様のクレームやニーズについてヒアリングをしてみることにしました。その結果、プレー料金の値ごろ感や割引特典サービスはもちろんのこと、クラブハウスの施設の雰囲気やコース整備、フロントやキャディさんの接客サービスなど、ゴルフ場でお客様が触れるすべてのものによって決まるということが明らかになってきました。

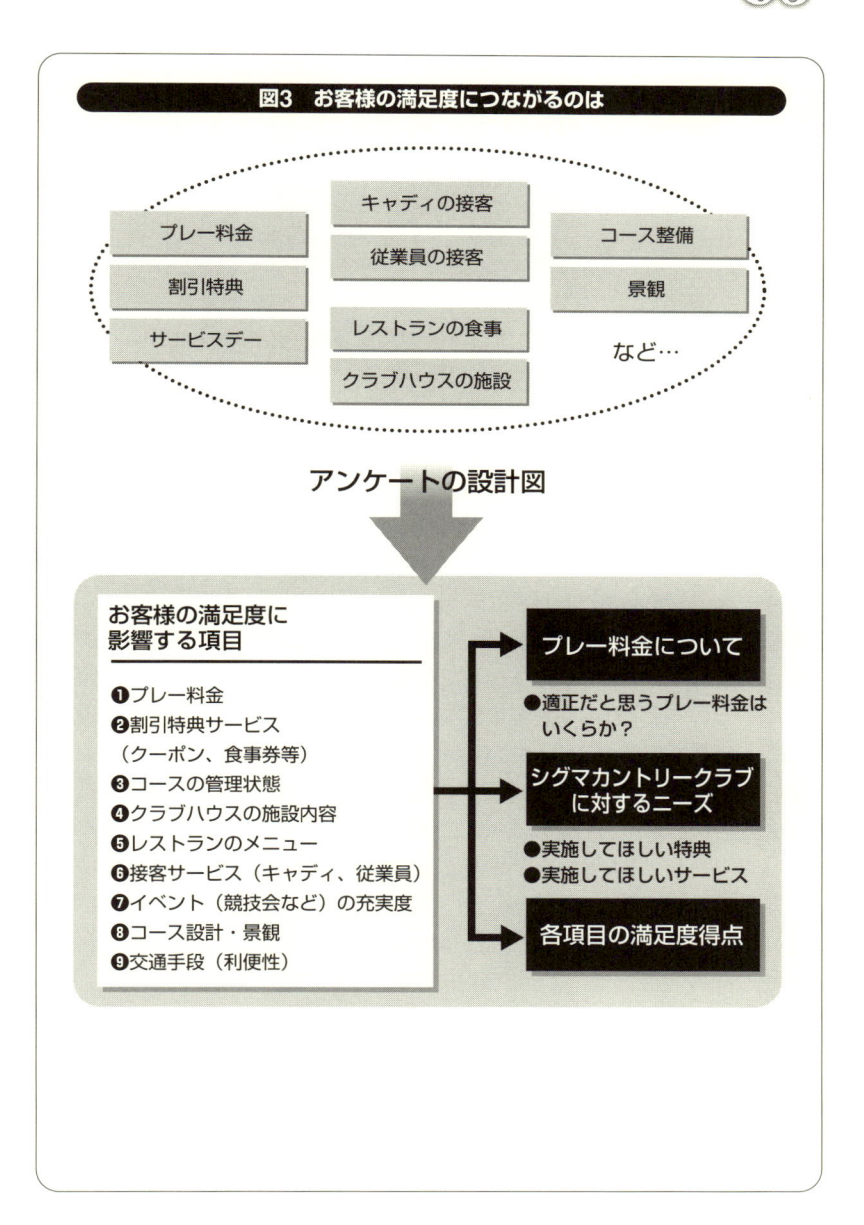

図3　お客様の満足度につながるのは

- プレー料金
- 割引特典
- サービスデー
- キャディの接客
- 従業員の接客
- レストランの食事
- クラブハウスの施設
- コース整備
- 景観
- など…

アンケートの設計図

↓

お客様の満足度に影響する項目

1. プレー料金
2. 割引特典サービス（クーポン、食事券等）
3. コースの管理状態
4. クラブハウスの施設内容
5. レストランのメニュー
6. 接客サービス（キャディ、従業員）
7. イベント（競技会など）の充実度
8. コース設計・景観
9. 交通手段（利便性）

プレー料金について
- 適正だと思うプレー料金はいくらか？

シグマカントリークラブに対するニーズ
- 実施してほしい特典
- 実施してほしいサービス

各項目の満足度得点

4 お客様の本音を聞きたい〈Ⅱ〉

●‥‥調査対象と実施スケジュール

　前節ではアンケートを作成するにあたり、調査テーマの設定と調査票の設計について説明しました。ここでは、アンケートの調査対象を誰にするか（＝アンケートの回答者の選び方）と調査スケジュールの作成について簡単に説明します。

　通常、調査対象者は調査目的やテーマに沿って、回答してほしい人に設定します。例えば、スーパーの買い物客調査であっても、目的が「カード会員サービスの見直し」であれば、そのスーパーのカード会員のみとなります。また「新たな販促活動の立案」であれば、買い物に来てもらえる近隣住民の皆さんになるでしょう。このように、そのときの目的に合った人たちを調査対象者に設定する必要があります。

　今回の目的は、シグマカントリークラブの集客策を見直すことです。クラブの来場者には、現在 1500 人ほどの会員とそれ以外のビジター（非会員）がおり、年間約 7000 人が来場します。最近は、ビジターの来場数が減少しており、現在行なわれている割引や特典サービスは、このビジターに対する施策なのです。一方で、会員は定期的に来場してくれる大切な固定客です。丸山さんは、これら利用客のニーズの違いを明確にし、どうアピールしていけばよいのかを知るために、来場者にアンケートを配布することにしました。

　次に実施スケジュールですが、土・日・祝日と平日とでは、利用料金が異なるために利用客層も異なることがわかっています。そこで、アンケート配布期間を 1 か月間とし、さらに会員には郵送することにしました。

　このように、曜日や季節などで調査対象者が変動する場合は、回答者の中身になるべく偏りが生じないよう、配布期間や配布方法で調整することが重要となります。

図4　調査対象と実施計画

調査対象を決める

- 数値化したい項目 ▶ シグマカントリークラブに対するお客様の満足度
- 調査したい相手は? ▶ シグマカントリークラブの来場者
- どのような人か? ▶ シグマカントリークラブの会員およびビジター

実施計画を決める

- 来場者数 ▶
  - 時間帯、平日・休日
  - 季節など（夏・冬は減少）
  - 休眠会員の存在（会員の偏り）
- 実施日・期間 ▶
  - 休日と平日の両方が含まれる
  - 一定期間行なうことがよい
- データを集める方法 ▶
  - 会員　→　郵送による調査
  - ビジター　→　ゴルフ場で配布

5 お客様の本音を聞きたい〈Ⅲ〉

● ……設計図に沿ってアンケート用紙を作る

　ここまできたら、次に回答を記入してもらうアンケート用紙の構成と質問項目を決めていきます。丸山さんは、

（Ⅰ）利用者の属性項目
（Ⅱ）料金などサービスに対するニーズ
（Ⅲ）総合的な満足度

という構成でアンケート用紙を作成することにしました。

　ここでいう「属性項目」とは、回答者を分類する一般的な特徴のことで、性別や年齢などを指します。このほか独自の顧客分類方法などがある場合は、そういった項目も加えておくとよいでしょう。今回の調査でいうと、会員とビジターの2種類の回答者がいて、その違いの把握も必要なため、属性項目に加えておきます。
　次に満足度評価欄の作り方ですが、回答者が答えやすく、あとで集計をするときに使いやすく作るのがポイントです。
　通常、満足度は4段階（満足・やや満足・やや不満・不満）または5段階（満足・やや満足・普通・やや不満・不満）に設定します。これ以上多くすると回答者が答えにくくなり、逆に少ないと回答が偏る可能性があります。
　ニーズや不満点は、仮説として考えた施設や接客サービスなどの項目を選択肢として、回答者に選んでもらうことにしました。
　こうして、図5のようなアンケート用紙が作られました。

図5　来場者アンケート用紙〈例〉

[会員]
Ⅰ　ご来場者の皆様についてあてはまるものを選び○をおつけ下さい。

(1) 年齢

1. 20歳未満　　2. 20代　　3. 30代　　4. 40代　　5. 50代
6. 60代　　7. 70歳以上

(2) お住まいはどちらでしょうか？

　　　　　　　　　　　　　都・道・府・県　　　　　　　　　　市・町・村

Ⅱ　シグマカントリークラブについて、あなたの印象をおうかがいします。

シグマカントリークラブに対し、今後充実を望まれる項目は何でしょうか。

1. プレー料金の値下げ　　2. 割引サービスの充実
3. 食事券など特典の充実　　4. …

Ⅲ　今回シグマカントリークラブをご利用になり、①～⑨の項目についてどのように評価されますか。

　　　　　　　　　　　満足　　やや満足　　やや不満　　不満
①プレー料金について　●────●────●────●

　　　　　　　　　　　満足　　やや満足　　やや不満　　不満
②接客サービス　　　　●────●────●────●

ポイント
☞ 質問はわかりやすい文章／答えやすい順番で
☞ なるべく、記述項目はなくし、選択項目にする
☞ 回答に必要な時間は5～10分程度の分量で

6 お客様の本音を聞きたい〈Ⅳ〉

● ……顧客アンケートの実施結果

　実施スケジュールに沿って調査を行なった丸山さんは、無事にアンケート結果を回収することができました。
　なお、こういった調査では、アンケートの回収率（配布数に対する回収数の割合）を必ず確認しておきましょう。もし回収率が低く集計できる十分なサンプル数がない、あるいは、属性別のサンプル数がひとケタであるなど極端に少ない場合には、回答者に謝礼を出したり、再調査実施によって、回答数を増やすことが必要となります。せっかくもらった意見が少数意見では、サンプリングの意味をなさないからです。こういったことも念頭に置いて、調査対象者を設定したり、アンケート用紙の配布数を決めていくことが大切です。
　さて今回は、会員1500人分については、約半分の720件（48％）、繁忙期だったこともあり、ビジターは全配布数1020件のうち300件（約30％）回収することができました。結局、全体的な回収率は約40％でした。さらに、属性別（年齢別、性別）の集計で、それぞれの構成比を見た結果、特に極端に少ないグループがなかったため、丸山さんはそのまま集計することにしました（図6）。

　通常の顧客満足度調査では、この時点から、満足度の平均値や属性別の集計をすることで、顧客のニーズの把握やデータの解釈に重点を置いて深く掘り下げていきます。
　ですから、本来は複数回の調査を行ない、時間的な変化を追っていくことが、顧客の本当の評価を知るために最適であるといえます。
　では、上の結果で得られた単純集計によって、どのように分析していくかを説明することにしましょう。

図6　回答者の特徴を把握する

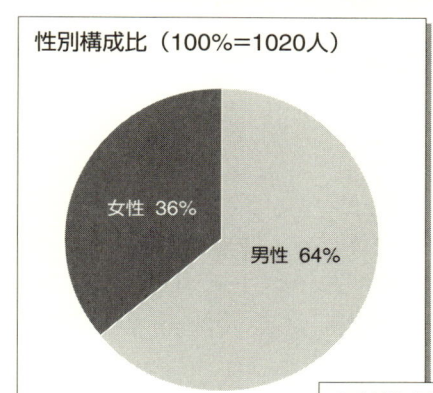

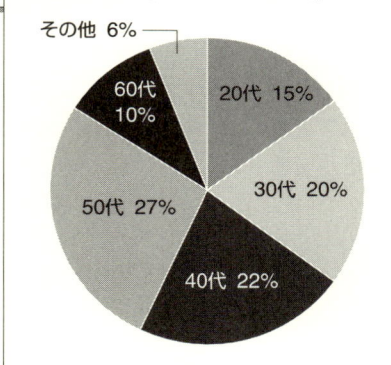

性別構成比（100%＝1020人）

- 女性 36%
- 男性 64%

年齢構成比（100%＝1020人）

- その他 6%
- 20代 15%
- 30代 20%
- 40代 22%
- 50代 27%
- 60代 10%

集めたサンプル（＝回答者）の特徴を確認しよう

- ☞ 極端に少ないグループはないか？
- ☞ 集まったサンプルに偏りがないか？

7 VOCと経営課題の接点

●‥‥‥品質機能展開（QFD）で考える

　これまで顧客アンケートの作り方について説明してきましたが、ここでそろそろ本題のシックスシグマに戻りましょう。

　丸山さんは、シグマカントリークラブに対するニーズとして、アンケートの回答結果（お客様の声＝VOC[*3]）を得ることができました。

　この回答結果のゴルフ場の機能（提供しているサービス・施設）に対して関係の強いものについて、重要度の高い順に9点、3点、1点[*4]で優先順位をつけていくことにします。

　この表を品質機能展開（QFD[*5]）と呼びます。表の作り方は、まず縦軸にお客様の声（VOC）、横軸にゴルフ場の機能（フロント、設備、コース整備、サービス・特典など）を書き入れます。そして、縦軸のVOCを実現するために関係があると思われる機能にはその重要度に相当する点数を入れ、項目別に点数を集計します。この作表の目的は、ゴルフ場のどの機能の改善が必要なのかを把握することです。

　例えば、「料金が高い」というお客様の声があります。これを改善するには、プレー料金を下げることが、お客様の要望の実現につながるでしょう。そこで、機能のうち「プレー料金」に9点をつけるという具合です。この点数づけは、関係部門のメンバーで議論し、なるべく多くの意見を反映して決めたほうがよいでしょう。

　丸山さんは、営業部員やキャディさん、レストランの料理担当者など、いろいろな部門の人と相談し、それぞれのVOCに影響するゴルフ場で提供している機能（サービス・施設・料金）の優先順位の点をつけていきました。

　このQFDの結果から、シグマカントリークラブで改善すべき機能は、「接客サービス」と「イベント開催」となりました。

図7　ニーズの品質機能展開

ゴルフ場の機能（設備、人、サービス）

関係者全員で話し合って点数を決める

お客様の声（VOC）	アンケート回答数	プレー料金	レストラン・休憩室	クラブハウスの施設	従業員・キャディ	ゴルフコースのレイアウト（設備含む）	イベント関係・営業（競技会・教室等）	サービス・特典（チケットの発行ほか）
プレー料金を安くしてほしい	**411**	9						3
従業員の接客態度をよくしてほしい	**408**				9		3	
レストランのメニューを改善してほしい	**315**		9		3			
特典・サービスを増やしてほしい	**301**	1					3	3
競技会などイベントサービスを増やしてほしい	**280**						9	3
ゴルフ場の設備を改善してほしい	**111**		3	3		1		
送迎バスの本数を増やしてほしい	**48**							1
合計		4000	3168	333	4617	111	4647	3024

合計得点計算方法
411×9＋301×1＝4000

接客とイベント関係・営業の見直しが必要ではないか？

8 顧客ニーズを目で見るためには

● ‥‥‥顧客ニーズマップを作ろう

　QFD の結果、お客様のニーズを満たすためのポイントは、「接客サービスの充実」であるということがわかりました。

　しかし一方で、現在もシグマカントリークラブでは、割引や特典のあるさまざまなサービスを行なっており、また、これから実施しようとしているものもあります。これらの施策は、果たしてお客様の真のニーズを捉えているのでしょうか？

　丸山さんは、料金や割引サービス、その他のニーズに対して、現在実施している集客策や特典で、どの程度対応できているのかをアンケート結果から確認する方法がないものかと考えました。

　このチェックに利用する表を、顧客ニーズマップといいます。縦軸にお客様の要望（VOC）を挙げ、横軸には施策や目標を挙げて、それが VOC に対してどのくらい実現しているかというレベルを記入していきます。

　たとえば、「◎：実施している、○：着手したところ、△：検討中、×：未検討」のような形でチェックします。このような顧客ニーズマップにより、現在のサービスレベルがどの程度お客様の要望を満たしているのか、不足している点があるのかなどがわかります。集中している項目、あるいは反対に不十分な項目は改善すべき候補となります。

　丸山さんたちも、今回のアンケートで出てきたニーズを会員／ビジター別に整理し、顧客ニーズマップを作成しました（図 8）。

　その結果、シグマカントリークラブで行なっている施策は、プレー料金の割引に偏っていることがわかりました。お客様の要望は、割引にだけ集中しているわけではありません。だからといって、ほかの施策をすべて実行するわけにもいきません。いったい、どうしたらよいでしょうか？

図8　顧客ニーズマップを作ろう！

利用者グループ別のVOC（上位5項目）		プレー料金割引・特典				教育・改善		その他	
		割引デーの設置・割引優待券の配布	食事セット券の配布	レディースデー（女性のみ割引・週1）	ビジター招待券の配布	キャディの専門教育	レストランのメニューの見直し	ゴルフ教室の開催	セルフプレーの導入
会員	セルフプレー時間をつくってほしい								×
会員	専門性の高いキャディをつけてほしい					○			
会員	ゴルフ教室などのイベントを定期的に開いてほしい							×	
会員	レストランのメニューを改善してほしい						△		
会員	プレー券、食事券の配布など特典をつけてほしい		◎		△				
ビジター	プレー料金を割引きしてほしい	○	○						
ビジター	プレー券・食事券の配布など特典をつけてほしい	○	○		△				
ビジター	サービスデーをつくってほしい（レディースデーなど）	○		◎					
ビジター	ゴルフ教室などのイベントを定期的に開いてほしい							×	
ビジター	交通アクセスをよくしてほしい（シャトルバスの増便など）								

実現レベル評価：
◎＝実施している
○＝着手したところ
△＝検討中
×＝未検討

↓

会員を満足させる施策が不足しているのでは？

9 投資の決め手は顧客満足度向上

● ……VOC から投資対象を絞り込む

　お客様のニーズは、聞けば聞くほどたくさん出てきます。しかし、ニーズを実現する企業の側からみれば、当然コストがかかりますから、なるべく効率よく結果に結びつく施策を選びたいのが実情です。

　これまでに作成した QFD、顧客ニーズマップによって、丸山さんはシグマカントリークラブの改善すべき機能を「接客サービス」に絞り込み、その中で、実現できていないニーズをマップで確認しました。そして、ここまでの経過を企画会議で尾崎支配人に報告しました。

　ところが尾崎支配人から、「単なる割引ではいけないということはよくわかった。しかし、顧客満足度の向上にはどの施策がいちばん有効なのだろうか？」と質問されました。

　そうです、当初の目的を忘れてはいけません。最終的には、顧客満足度の向上なのですから、より効果的な策を選びたいですね。

　そこで、アンケートで質問した「総合的な満足度」を基準に、さらにニーズの絞り込みをすることにしましょう。

　アンケート結果から、特にサービス面でのお客様の満足度が低いことがわかります。そこで丸山さんは、先ほどのアンケート結果を使って総合的な満足度とプレー料金に対する意見の関係を見てみました（図9）。

　その結果、シグマカントリークラブのサービス内容に不満足な人であっても、必ずしもプレー料金に対して不満を持っているわけではないことがわかってきたのです。

　つまり、顧客満足度の向上に必要なことはプレー料金の割引よりもクラブ内でのサービスの充実であることがわかったのです。

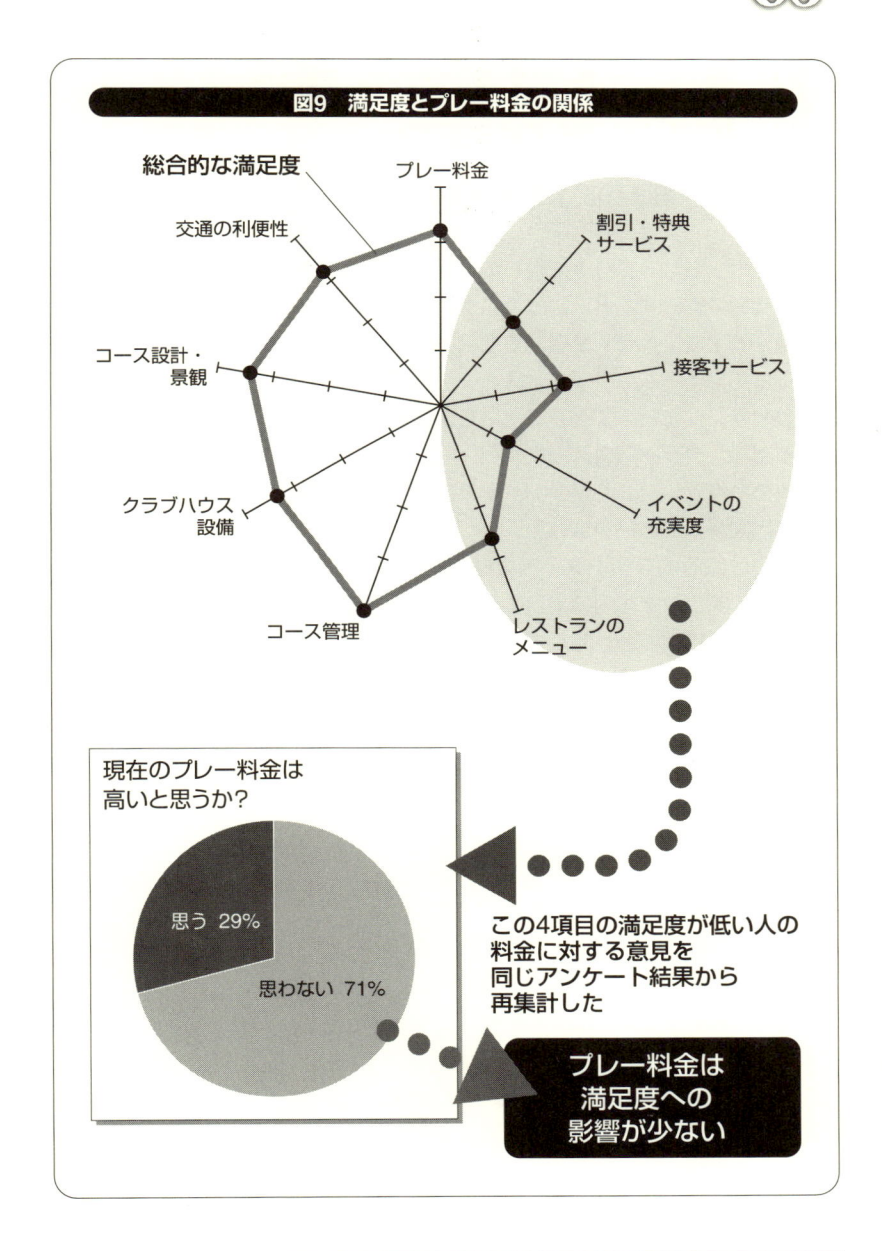

図9 満足度とプレー料金の関係

レーダーチャートの項目:
- 総合的な満足度
- プレー料金
- 交通の利便性
- 割引・特典サービス
- コース設計・景観
- 接客サービス
- クラブハウス設備
- イベントの充実度
- コース管理
- レストランのメニュー

現在のプレー料金は高いと思うか？
- 思う 29%
- 思わない 71%

この4項目の満足度が低い人の料金に対する意見を同じアンケート結果から再集計した

プレー料金は満足度への影響が少ない

10 One of them から Only one へ

◉ ⋯⋯⋯⋯選ばれる要因 x を見つけ出す

　シグマカントリークラブで取り組むべき課題である「接客サービス」について全面的に見直すことになりました。それではクラブ内のサービスについて、顧客満足度に大きく影響する要因 x は何なのでしょうか？
　丸山さんのチームはブレーンストーミングを行ない、討議結果を特性要因図（魚の骨）にまとめてみることにしました。
　営業部員やクラブハウスの従業員など接客サービスに関係するすべての社員が集められました。そのメンバーで討議した「接客サービス」についての特性要因図ができあがりました。
　これらの数値的なデータの裏づけをとって、1つもしくは2つにするのがベターですが、すべての項目について数値的なデータをとるような検証をするのには、相当無理がありますね。
　そこで、業務の経験上効果が薄いと考えられるものや、コスト面や物理的なもので実現することが難しいものについては除き、なるべく即効性のある要因を残すことにしました。もちろん、顧客満足度の向上に効果があるだろうと考えられる項目であることは大前提です。
　そして、以下の4つの要因が残りました。

①レストランの特別メニュー実施
②ビジター招待券の配布
③セルフプレー方式による料金割引
④有名プロによるゴルフ教室の開催

　これらの効果について今度こそ数値的な裏づけをとり、もっと絞り込んでいきたいと思います。

図10　選ばれる決め手は何か？

営業イベント
- セルフプレーが選べる
- 競技会が充実
- 有名プロによるゴルフ教室
- ビジター招待券の配布

キャディ・従業員
- 予約がとりやすい
- キャディの質が高い
- フロントの対応がよい

売店・コース
- コース整備がまめに行なわれている
- 売店でブランド商品を扱っている
- シャワールームが清潔・広い

レストラン・休憩室
- レストランの食事がおいしい
- 休憩室やレストランが豪華

→ 接客サービスを向上させるには

改善案
- ☞ レストランの特別メニュー実施
- ☞ ビジター招待券の配布
- ☞ セルフプレー方式による料金割引
- ☞ 有名プロによるゴルフ教室の開催

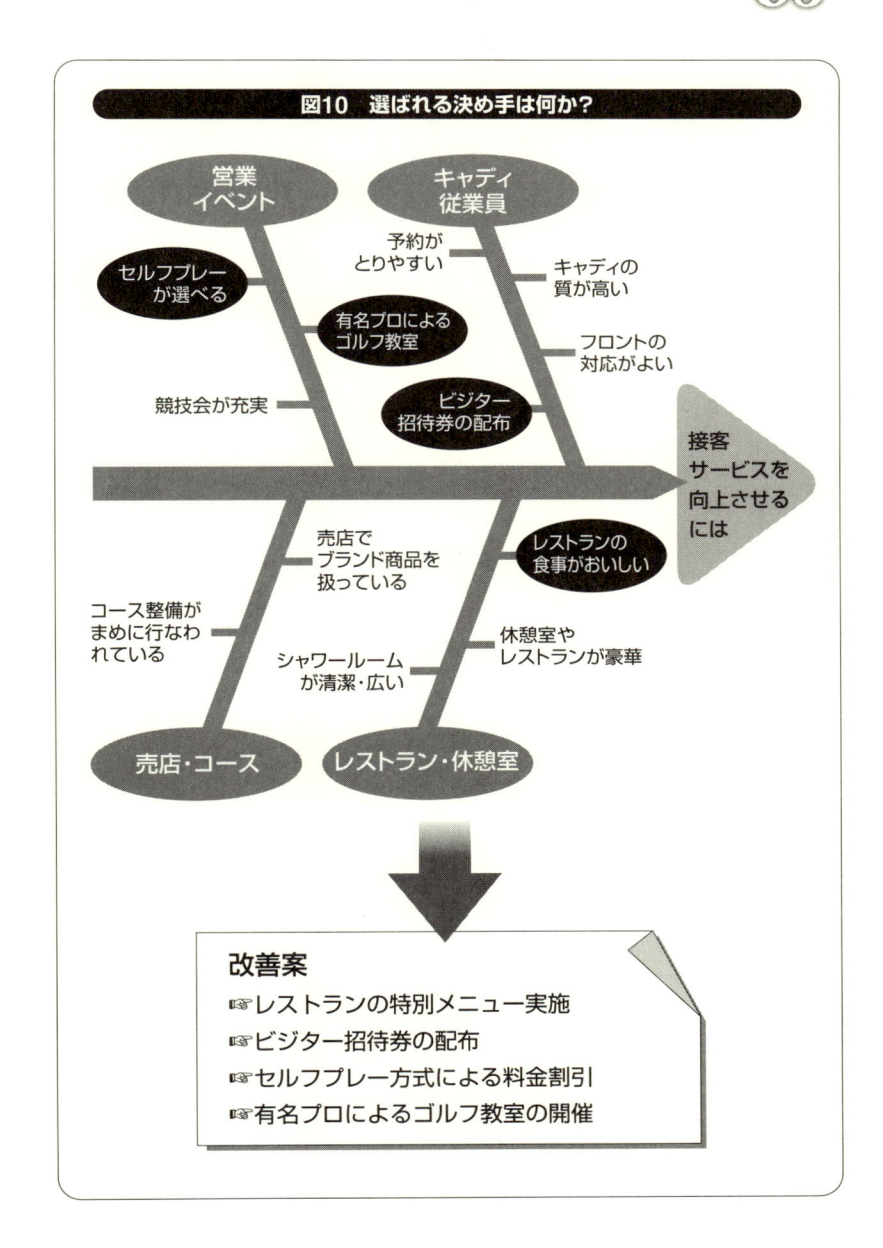

11 試してみなければわからない

●……実験で試してみよう

　特性要因図を使って、接客サービスの改善策を4つまで絞り込みました。しかし、料金割引がお客様の満足度に直接つながらなかったことと同様に、実際にどの施策がよいのか、試してみなければその効果のほどはわかりません。

　そこで丸山さんたちは、再度、会員とビジターに対して簡単な満足度アンケートをとり、どのサービスがいちばん顧客満足度の得点を高くするのか、簡単な実験をすることにしました。

　丸山さんは次のような実験を計画してみました。
　前述の4種類のサービスを1週間ごとに組み合わせを変えて実施し、その週に来場したお客様の満足度の得点を記録します。
　この場合の各条件においては「やる」か「やらない」かの選択を行ない、できるだけ多くの利用者の意見を集約していこうと考えました。具体的な実験条件の組み合わせは、図11を見てください。
　このような実験の方法を、実験計画法（DOE[*6]）といいます。
　前著『［図解］コレならわかるシックスシグマ』の上級編でご説明した通り、DOEを使うと最小限の実験で効率的に影響力の大きい条件設定（要因）を選び出すことができます。特に、丸山さんたちが絞り込んだような施策を試してみる場合、期間を限定したり範囲を制約する必要があるため、できるだけいろいろな条件の組み合わせで実施することが望ましいのです。こういう場合には、DOEはうってつけの方法といえるでしょう。
　ちなみに、本来は8回の実験、つまり8週間分の実験が必要なのですが、組み合わせパターンの1つは、すべて「やらない」というもので、これは何も実施してない現状の結果で代用できるので、実際には7週間分の実験で済むことになります。

図11 効果があるのか試してみよう

実験の手順

☞ 表のように、毎週改善案の組み合わせパターンを変えて実験を行ない、それぞれお客様の満足度を調べる

← 4つの改善案（要因） →

	レストランの特別メニュー	ビジター招待券の配布	セルフプレー料金割引	有名プロのゴルフ教室開催
現状	やらない	やらない	やらない	やらない
1週目	やる	やらない	やる	やらない
2週目	やる	やる	やらない	やらない
3週目	やる	やらない	やらない	やる
4週目	やらない	やる	やる	やらない
5週目	やらない	やる	やらない	やる
6週目	やらない	やらない	やる	やる
7週目	やる	やる	やる	やる

↓

どの改善案が最も効果的なのだろうか？

＊この表については章末の用語解説（110ページ）をご参照ください。

12 どちらがいいのか、よく考えてみよう

● ……… 要因を微調整する

　さて苦労の甲斐あって、シグマカントリークラブの顧客満足度を向上させる施策案は次の2つに絞られました。
　施策案①：セルフプレー方式による料金割引を行なう
　施策案②：有名プロによるゴルフ教室を定期的に開催する

　ここで現実の問題に戻りましょう。ここまでは、統計的な処理に基づいて、顧客満足度の向上に効果が高いと考えられる施策案①と②を導き出しました。しかしこれを実施するには、それを可能にする人員やコストが必要です。丸山さんは、次回の会議で顧客サービス充実案として提案することにしました。
　このように、統計的な裏づけをもとに、要因の絞り込みを行なったあと、その施策が実現の可能性が高いものなのか否か、再度検討することが必要です。
　統計処理などを行なうと、数字的な裏づけのみで決定しがちになりますが、数値データは補足の意味しかありません。実現性の高い施策について、数字でその効果を説明できて初めて、説得力が生まれてくるのです。
　会議では、次のような話になりました。
尾崎支配人「2つの案を出してくれたが、どちらがお客様によろこんでもらえる案なのかな？」
　そこで丸山さんは、この2つの案について会員／ビジター別、性別、年齢層別の満足度の集計結果を出しました。
尾崎支配人「これで見ると、より幅広いお客様に受ける案は、有名プロによるゴルフ教室ということになるね」
　丸山さんたちの報告から尾崎支配人は、どのような判断をするのでしょうか？

図12 最適解の検討

実験から選ばれた2つの案
❶セルフプレー方式による料金割引を行なう
❷有名プロによるゴルフ教室を定期的に開催する

どちらがより高い満足度を与えるのか？

	会員/ビジター別	性別	年齢層別
❶セルフプレー料金割引	会員 / ビジター	女性 / 男性	30代以下 / 40代以上
❷有名プロによる教室の開催	会員 / ビジター	女性 / 男性	30代以下 / 40代以上

❷案のほうが、より広い顧客層に支持される可能性大

第4章 ●〈中級編 その2〉ゴルフ場経営も楽じゃない

13 やはり最後は支配人の決断

● ……… 変えるも、変えないも決断次第

　ここまで、シグマカントリークラブの顧客満足度を向上させるための集客策の見直しについて、シックスシグマ・アプローチで考えてきました。丸山さんが提案した改善策を実行に移すか否かの最終判断を下すのは、経営トップである支配人の役目です。

　統計的な分析によって、満足度の向上に効果がある施策のみに絞り込まれていますが、その施策を行なうことに必要な投資負担をその後の集客効果で回収できるのかどうかについて、ある程度の収益予測をする必要があるのではないでしょうか？

　尾崎支配人は、今回の改善に必要な経費が、どの程度の来場数によって回収可能なのかということを試算してから、実行するか否かを判断しようと考えました。

　その結果、ゴルフ教室は、半期ごとの来場客数が3500人以上を維持すれば、月2回程度開催することが可能という計算になりました。

　皆さんは、このシミュレーション結果からどのような決断をするでしょうか？

　尾崎支配人は、これらの改善策の導入を決意しました。現状のまま利用料金の割引を続けていけば、来場者数の減少と客単価の低下が重なり、売上げの減少傾向は止まりません。少しでも改善が見込めるのであれば、やってみようと決断したわけです。ただし、毎月来場数の達成度を確認し、半期ごとに成果をチェックし、売上げの減少傾向が改善されない場合には施策を見直すという条件をつけました。

　シグマカントリークラブの改革活動は以上の通りです。丸山さんは今回の活動を通して、アンケート（VOC）による課題の発見と整理、そして数値的な裏づけをもとに仮説を立て、施策に結びつけることを学びました。

図13 最終的な実施基準は何か？

改善策を実施・継続する基準

❶ 半期ごとの来場者数が3500人を超える
❷ 現在のプレー料金を維持
❸ 半期ごとに成果をチェックし、2回連続で基準に未達の場合には再度改善策を検討する

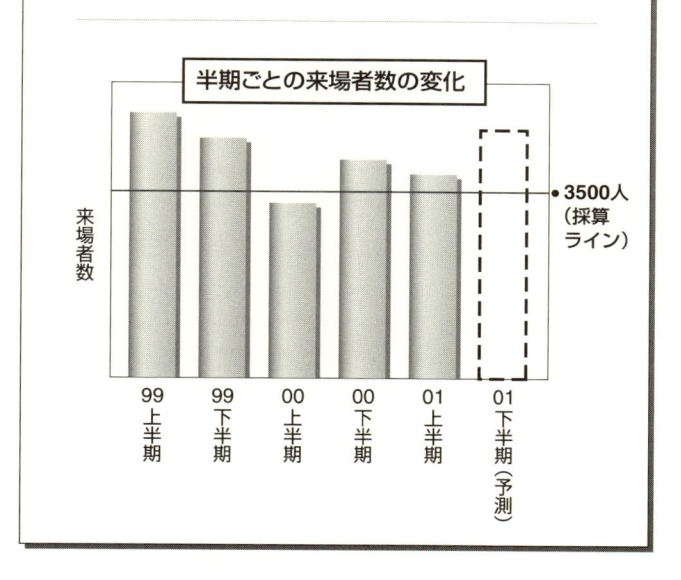

半期ごとの来場者数の変化

来場者数

99上半期／99下半期／00上半期／00下半期／01上半期／01下半期（予測）

● 3500人（採算ライン）

〈中級編その2〉用語解説

＊1 メトリクス
具体的な評価尺度、基準、モノサシ。「物事の善し悪し」「問題の大きさ」などを測定／評価する指標。

＊2 仮説
明らかにはなっていないその背景なども含めて、論理的、体系的に仮定したもの。

＊3 VOC（Voice Of Customer）
顧客の声。お客様が本当に求めていること、不満に思っていることなど、お客様の本音を指す。

＊4 9点、3点、1点
品質機能展開で、選択肢に重みづけをする際に使用する標準的なパターン。

＊5 品質機能展開：QFD（Quality Function Deployment）
市場や顧客のニーズを技術分野に伝達するための手法の1つ。品質表とも呼ばれる。

＊6 実験計画法：DOE（Design Of Experiment）
たくさんある要因を絞り込むための手法。なお、実験条件は、図11にあるような直交表と呼ばれる特定の組み合わせによって決められている。このため、考えられる条件の全部の組み合わせを行なわずに、必要最小限の実験で要因の影響力を判定できる。

第5章

【上級編】
待たされるのは まっぴらごめん
──シグマバンク新橋支店の挑戦──

お客様に気に入られたいのは、どこの企業も同じこと。
では、どうしたら気に入ってもらえるのか、
シックスシグマ手法のおさらいをしてみましょう。

▼

● ここで使うツール ●
品質機能展開（QFD）
ヒストグラム
ベンチマーキング
ブレーンストーミング
特性要因図（魚の骨）
ボックスプロット
顧客アンケート

1 経営者の想いを伝えたい

● … 誰のための銀行？

　皆さんの周りを見回したとき、目にとまる金融機関はどのくらいあるでしょうか？

　郵便局、消費者金融、信用金庫など、街にはいやというほど看板がありますよね。そして、駅前には必ずといっていいほど銀行があるでしょう。

　しかし、これだけ競争相手が多い銀行はいったい誰のためにあるのかを考えてみたことがあるでしょうか？　一利用者の立場で考えれば「金利は低いけれど、とりあえず潰れないから安心な金庫」というイメージをお持ちかもしれませんが、それもいまとなってはとんでもない思い違いなのではないでしょうか。

　個人の財布の延長なのか、企業の借入先なのか、はたまた資金調達、運用機関なのか？

　それを決めるのは利用者である皆さんと、その決定を受ける銀行の経営者の方々であると私たちは考えます。

　さてここでは、シグマバンクの新橋支店を舞台に繰り広げられる銀行マンたちの活躍ぶりをご紹介したいと思います。

　シグマバンクはシックスシグマに取り組んでいるほどの銀行ですから、顧客志向、プロセス重視の考え方が本社から支店まで浸透しています。石原頭取をはじめとする役員たちも、この活動にもっと加速をつけて展開し、リテール（個人利用者）最重視の徹底を図る方針を打ち出しました。

　「お客様に違いをわかっていただける銀行」をキャッチフレーズに、いままでにいくつものユニークな施策も実施してきました。もはや「安心・安全」はお客様にとってのCTQ[*1]にはなり得ず、「利便性」や「付加価値」が勝敗を分けることも定量的検証からわかってきました。その中にあって、再度「個人利用者を最重視する」という方針はどうやって導かれたのでしょうか？

図1　経営方針を伝えたい

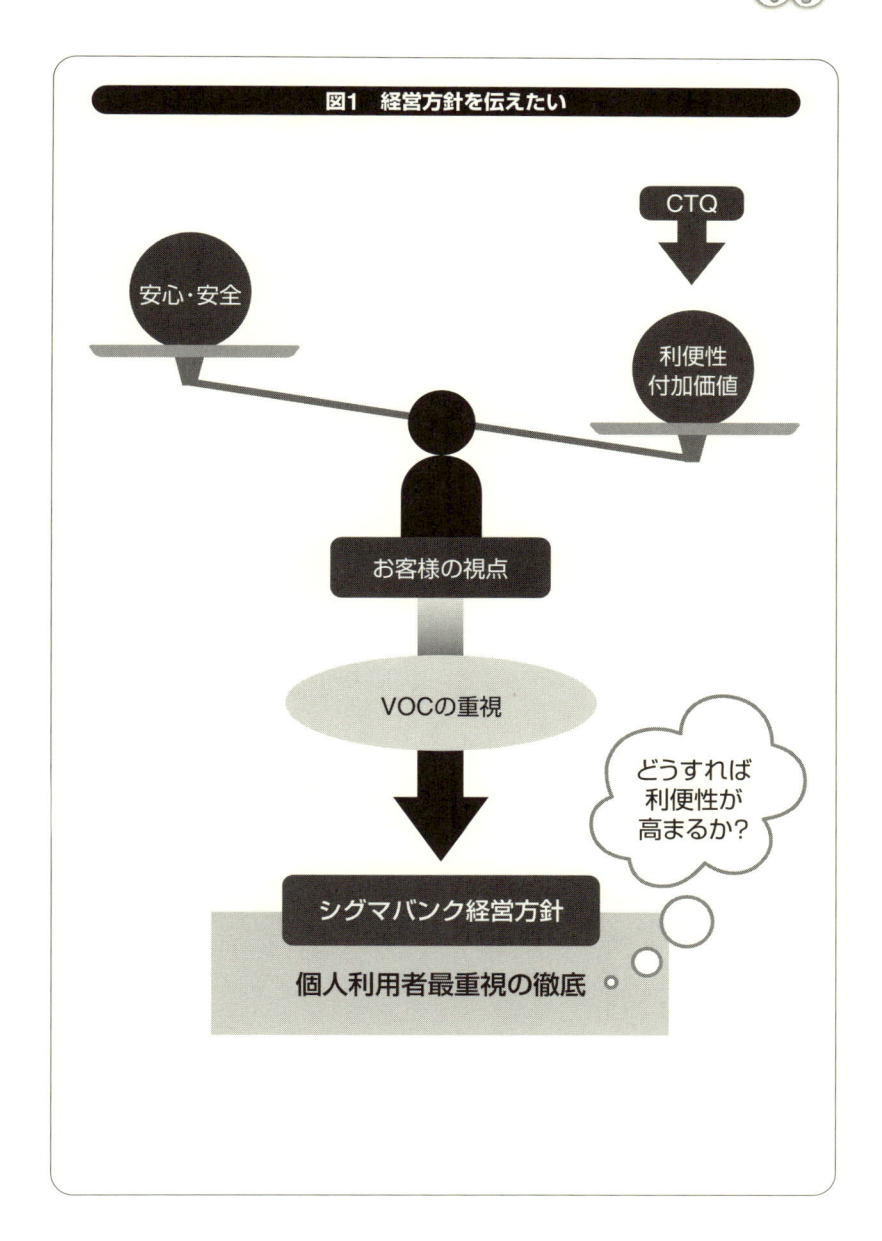

安心・安全

CTQ

利便性
付加価値

お客様の視点

VOCの重視

どうすれば
利便性が
高まるか？

シグマバンク経営方針

個人利用者最重視の徹底

2 いろいろな課題を目で見たら

●……課題のブレイクダウン

　企業には数多くの経営課題があります。当然、銀行も同様に多くの課題を抱えたまま運営されているのが実情です。

　不良債権処理が後ろ向きの課題だとすれば、前向きな課題は、やはりいかにお客様に支持してもらえるか、ということになるでしょう。もし仮に、利用者にロイヤルティを持ってもらえる銀行があったとしたら、それはいったいどんな姿の組織なのでしょうか？

　このような課題を考えるとき、もう何度もご説明している通り、VOC[*2]から導かれるCTQがキーとなります。課題が大きければ大きいほど、立場や範囲に応じたブレイクダウンを行なわなければなりません。顧客ニーズマップや品質機能展開（QFD[*3]）といったツールも、ここで活躍することになります。

　その目的は、可能な限り速やかに適切な判断を下す、ということに尽きるでしょう。

　ちなみに、シグマバンクでの課題のブレイクダウンの常套手段は、QFDの活用です。定型業務にしろ、提案型業務にしろ、本社の意思決定から支店のライン業務までの途切れのない展開がシグマバンクの自慢です。

　QFDは、判断レベルに応じて何段階もの階層構造を持つことが可能です。また重要性の優先度を決めることで、定性的な議論をより定量的に視覚化する効果もあります。このQFDを課題展開のインフラとして構築できれば、その展開の道筋をたどることで、どのライン業務に行き着くのかが容易にわかるようになります。

　これまでに行なわれてきた調査結果から、シグマバンクに対するお客様のロイヤルティ維持のポイントは、支店のライン業務にあるということになりました。

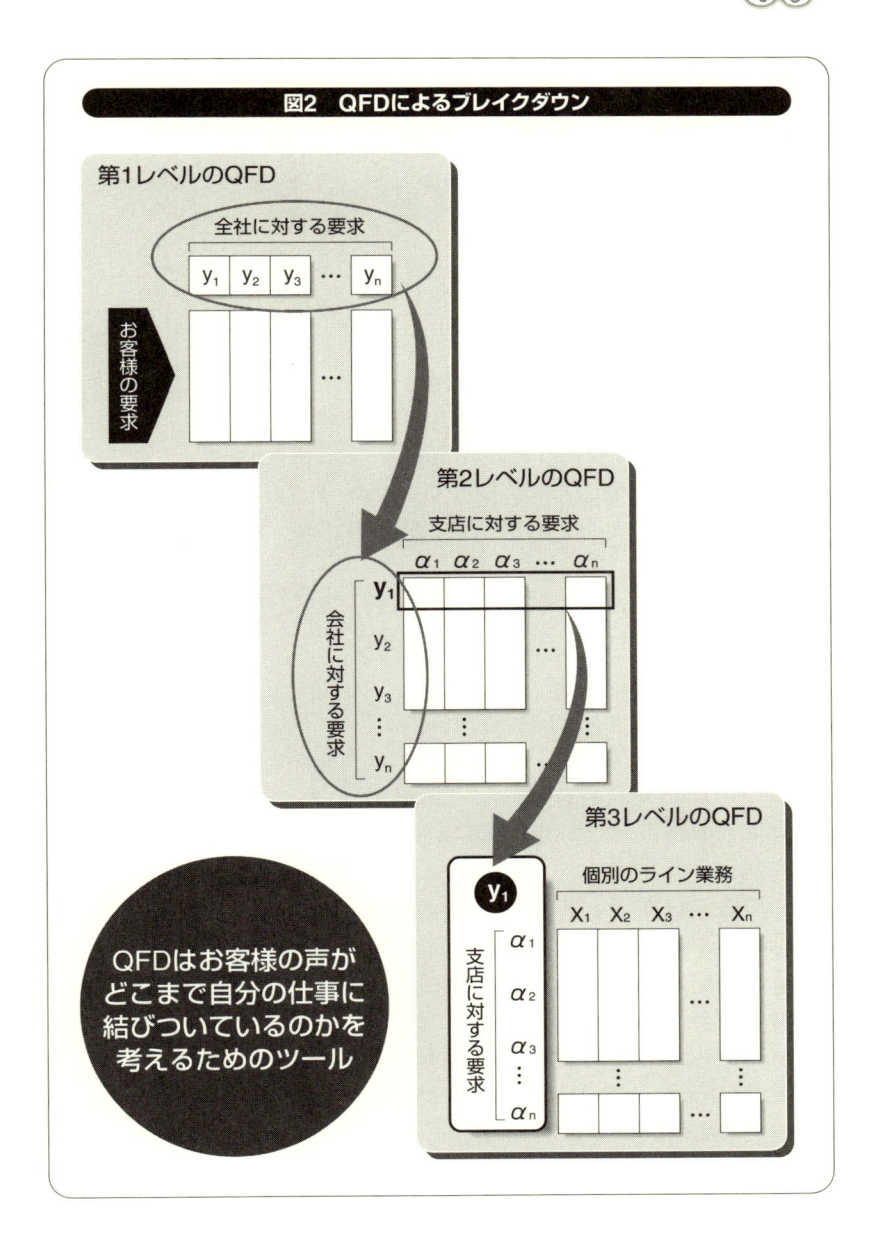

図2　QFDによるブレイクダウン

第1レベルのQFD

全社に対する要求: $y_1, y_2, y_3, \ldots, y_n$

お客様の要求

第2レベルのQFD

支店に対する要求: $\alpha_1, \alpha_2, \alpha_3, \ldots, \alpha_n$

会社に対する要求: $y_1, y_2, y_3, \ldots, y_n$

第3レベルのQFD

個別のライン業務: $x_1, x_2, x_3, \ldots, x_n$

支店に対する要求: $\alpha_1, \alpha_2, \alpha_3, \ldots, \alpha_n$

y_1

QFDはお客様の声がどこまで自分の仕事に結びついているのかを考えるためのツール

3 本当のお客様は誰だろう？

●……VOC からわかること

　銀行に対する VOC はさまざまな形で表されます。時にはクレームであり、あるいはアンケート調査結果であるかもしれません。
　その中からお客様の本音を的確につかむのは、前章でも述べた通り、容易な作業ではありません。しかし、それすら行なわないとしたら、目をとじてクルマを運転するにも等しい行為だといえるでしょう。
　いままで顧客不在の議論の多かった銀行界にあっては珍しく、シグマバンクには利用者の声を愚直なまでに追求する社風がありました。そのため、いち早く支店の休日営業やインストアバンク（複合店舗）などに取り組んできた実績があります。
　今回も新聞に掲載されたアンケート調査結果に着目したある役員が、話を切り出したことがきっかけで、シックスシグマ・プロジェクト候補として浮上してきたのです。

多田野役員「利用者を増やすためには、もっと利便性を高めて、他行と差別化を図らなければなりません」
石原頭取「利便性を高めるというのは、具体的にどういったことなのかね？」

　頭取にこう聞かれて、多田野役員は一瞬答えに詰まってしまいました。このように日常業務の場面で、何気なく使っていた言葉の定義の曖昧さに気づくことがおありでしょう。一言で利便性といっても、多くの意味を含んでいるわけで、銀行の利便性というのは、やはり利用者に聞いてみるのが一番ではないでしょうか？
　いちばん危険なのは、思い込みだけで決めつけてしまうことだと、シックスシグマは教えます。

図3　徹底的にVOC

ダイヤモンド新聞社　徹底調査

20〜60歳の男女3000人に
アンケート

よく使う銀行はどこですか？
1位：トキオ銀行
2位：スミスバンク
3位：いかほ銀行
4位：しょーわ銀行
5位：シグマバンク
6位：…
7位：…

「生き残る銀行はここだ！」

「思い込み」ではない、「事実」

もっと利便性についての議論が必要だ！

4 使える銀行になるために

◉……本社と支店の役割分担

　ここで、活動展開における本社と支店の役割分担について少し説明しましょう。

　大きな組織の中で、改革活動を維持していくためには、それなりの推進母体が必要です。銀行のように、同じ機能を持つ支店という組織が各地に分散している形態では、それを取り仕切る本社側に統括組織を設けて、各支店の実践部隊に指示を出すのが一般的でしょう。ただし地域の独自性や立脚条件の違いを考えた場合、どの支店に対してどの改革プランを提示するかは、よく考えていただきたいところです。

　また、本社から支店への一方通行ばかりではなく、双方向のやり取りも重要になるため、支店側の担当窓口も決めておく必要があります。

　新橋支店は、シグマバンクの中でも来店者数が非常に多く、大口の取引先が多いことでも知られている基幹店です。したがって、さまざまな施策の試験運用もよく行なわれ、多くの改善案が本社に提出されています。

　すでにブラックベルトの経験者も何人かおり、本社から見れば頼れるパートナーといった存在ともいえます。そんな中、本社から、新橋支店の担当者にまた新たなプロジェクトの提示がありました。

「新橋支店における利用者の利便性についてデータを集めて、CTQを特定せよ」

「また、なんとも厄介な依頼があったもんだな」改革担当者でグリーンベルト[*4]（GB）でもある田中さんは、電子メールを見ながら思わずつぶやきました。過去の経緯からすれば、おそらく同じ依頼がほかのいくつかの支店に対しても行なわれているはずです。本社側もサンプリングによって、データの精度を高める工夫をしているはずですから。

図4　本社と支店の役割分担

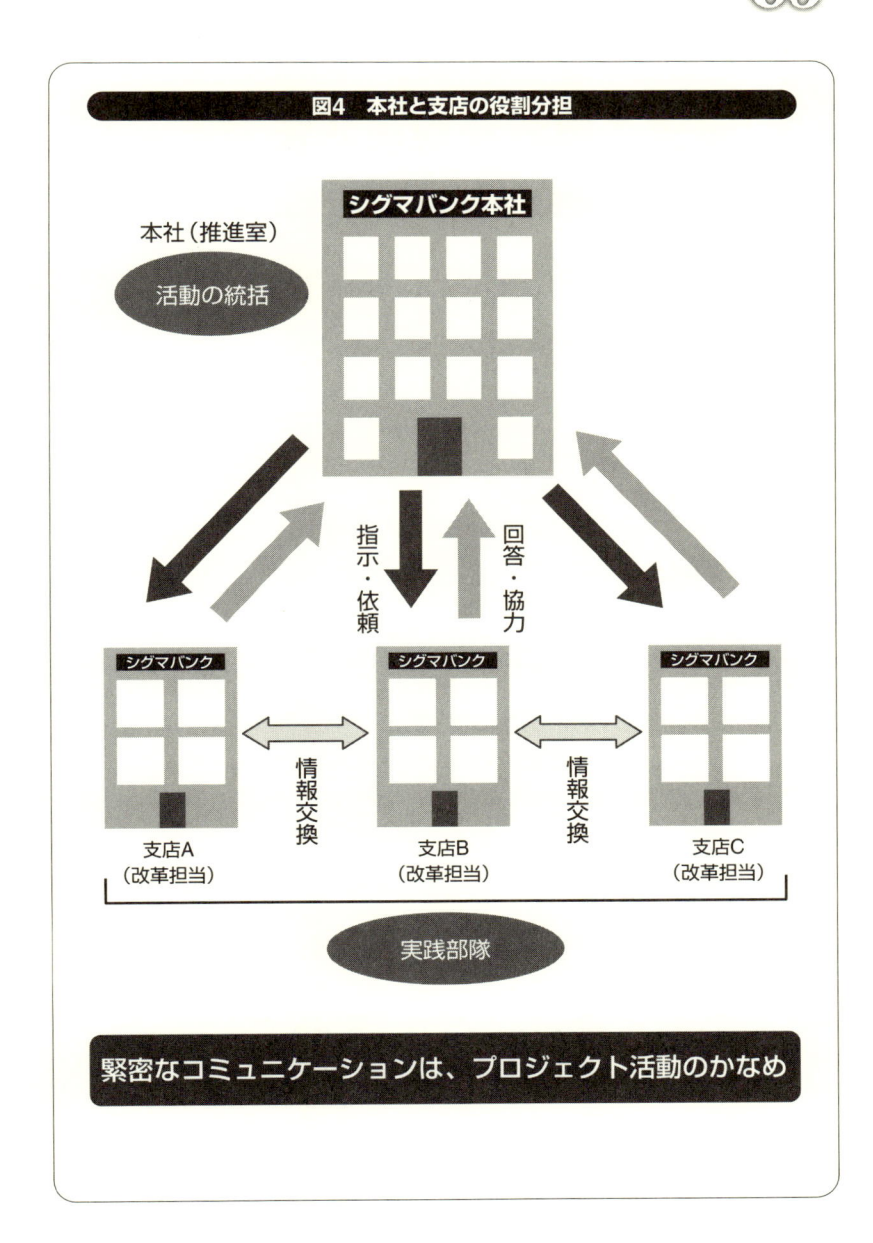

シグマバンク本社

本社（推進室）
活動の統括

指示・依頼　回答・協力

支店A（改革担当）　⇔　情報交換　⇔　支店B（改革担当）　⇔　情報交換　⇔　支店C（改革担当）

実践部隊

緊密なコミュニケーションは、プロジェクト活動のかなめ

5 組織の目標が決まるまで

●……課題に対する目標設定

　さて、本社から利便性調査の依頼を受けた田中さんは、さっそく小泉支店長に相談しました。シグマバンクでは、各支店長がチャンピオンの役割を担って、活動に対する経営資源の配分を決めることになっています。

小泉支店長「そうだなあ、この手のスコーピング（調査型）・プロジェクトだとメンバーを集めるのも難しい。まずは、テーマ決定までは君だけでやってもらおうか。期限は 2 週間以内だ」
田中「では、利便性における CTQ を検証するためのテーマが選定でき次第、支店内でのプロジェクトを計画したいと思います」

　すでに 2 つのプロジェクトを受け持っている田中さんでしたが、本社じきじきの指令ということもあり、優先度を上げて取りかかることにしました。
　このように、本社の決めた目標に対して支店や現場のライン業務が対応していく仕組みは、活動の結果を効率的に伝達していくために必要なことです。もちろん部長、課長といった職位が効果的に機能していれば、組織体制を変える必要はありません。ただし、改革に対する組織的な抵抗を招くおそれが往々にしてあることを考えると、改革活動が日常化するまでは、特命としてのチャンピオンやブラックベルトといった肩書きも必要でしょう。
　GE のように、もはやシックスシグマが当たり前になってしまった企業では、いまさらブラックベルトを特別扱いすることもないようですが、これから取り組んでいかれる企業では、アレルギー反応を起こさないためにも、あらかじめ人事評価制度や改革担当者の任命を意識的に行なっておくことも不可欠な要素です。

SIX SIGMA 6σ

図5　改革担当と組織の目標

改革担当者（支店）

支店長：チャンピオン
- 経営資源の配分
- メンバーのアサイン
- プロジェクトテーマの承認
- レビューの実施

目標

支店全体の目標
**利便性に関する
CTQの特定**

担当リーダー：
グリーンベルト
- プロジェクト実行
- 効果予測
- 活動報告

プロジェクトの目標
**利便性に関する
CTQの検証**

6 お客様の声をもう一度

◉ ‥‥‥ CTQ を選び出す

田中「まず例によって、VOC を集めてくるか」

　田中さんは、半期に 1 度支店で行なわれている「利用者満足度アンケート」結果のファイルを引っ張り出してきて、集計し始めました。といっても、アンケート用紙をめくるのではなく、表計算ソフトで検索していくだけなので、さほど時間はかかりません。
　やはり、こういったデータベースがなければ数値データひとつ集めるのにも苦労するはめになります。幸いにも新橋支店の前任者は、自らのプロジェクトとして、顧客情報検索システムの構築を完了していってくれたので、プロジェクト運営も大幅にはかどるようになりました。
　VOC を集めた後は、シグマバンク自慢の QFD が登場します。
　QFD の作成は、関係者を集めての協議が原則なので、田中さんはリテール（一般個人向け）担当課長と業務課長に声をかけて、QFD への点数入力を行なっていきました。
　できあがった QFD を眺めながら、田中さんは考えます。

田中「やはり思った通り、受付の待ち時間がトップになったか。これを改善する場合のテーマは、待ち時間の短縮につながるだろうなあ。でもこれだけのデータでは、CTQ を特定したことにはならないし……」

　本社からの依頼であった利便性に関する CTQ の候補として、「受付待ち時間」が挙がってきましたが、どうやって検証していけばよいのでしょうか？
　田中さんは、ここまでの結果を支店長に報告に行きました。

図6 利便性についての品質機能展開

アンケート結果

	機能	件数	支店の持つ業務機能					
品質			受付	案内	ATM	為替	融資	営業	合計
お客様の要求品質	受付待ち時間が長い	10	9	3					120
	身近に支店、ATMがない	4			9			1	40
	魅力的な金融商品がない	2	1					9	20
	案内がわかりにくい	5	3	9					60
	合計		107	75	36			22	

⬇

受付待ち時間が、CTQの候補…?

7 そのプロセスは目で見える

● ……まずは、プロセスマップを作ろう

小泉支店長「そうか、受付の待ち時間がCTQの有力候補と考えられるんだな。本社に報告するには実際の検証が不可欠だ。いい加減な思い込みでないことをデータで証明しておくことが必要だろう。よし、リテール担当課長と受付担当主任をメンバーにした受付待ち時間短縮のプロジェクトを発足させよう。もちろん、リーダーは君だよ」

　リーダーにアサインされた田中さんは、いつもの通り、プロジェクト設定シート[*5]に必要事項を記入して、支店長の承認をもらい、本社のシックスシグマ推進室に提出しました。このプロジェクトの予測利益は、自分たちの業務改善効果もさることながら、待ち時間短縮によって増えるはずのお客様の取引金額（手数料収入）増加分も見込んでいます。長時間待たされることに嫌気がさして、出て行ってしまうお客様の人数を試しに見積もってみただけでも、ぞっとするような結果だったのです。
　確かに目的は、受付待ち時間がCTQであることを検証するためですが、プロジェクトそのものの結果も当然期待されているのです。

田中「受付待ち時間を定義してみないことには始まらないな」

　田中さんは「受付待ち時間」を明確に定義するために、来店利用者の行動プロセスをマップにしました。このプロセスマップをもとにメンバー全員で「受付待ち時間」に対する検討を行ないます。一口に「受付待ち時間」といっても、その発生要因には何通りかあることが、プロセスマップからも読み取れます。
　このようにプロセスマップを作ってみるだけでも、改革のきっかけに気づくことが多いのです。

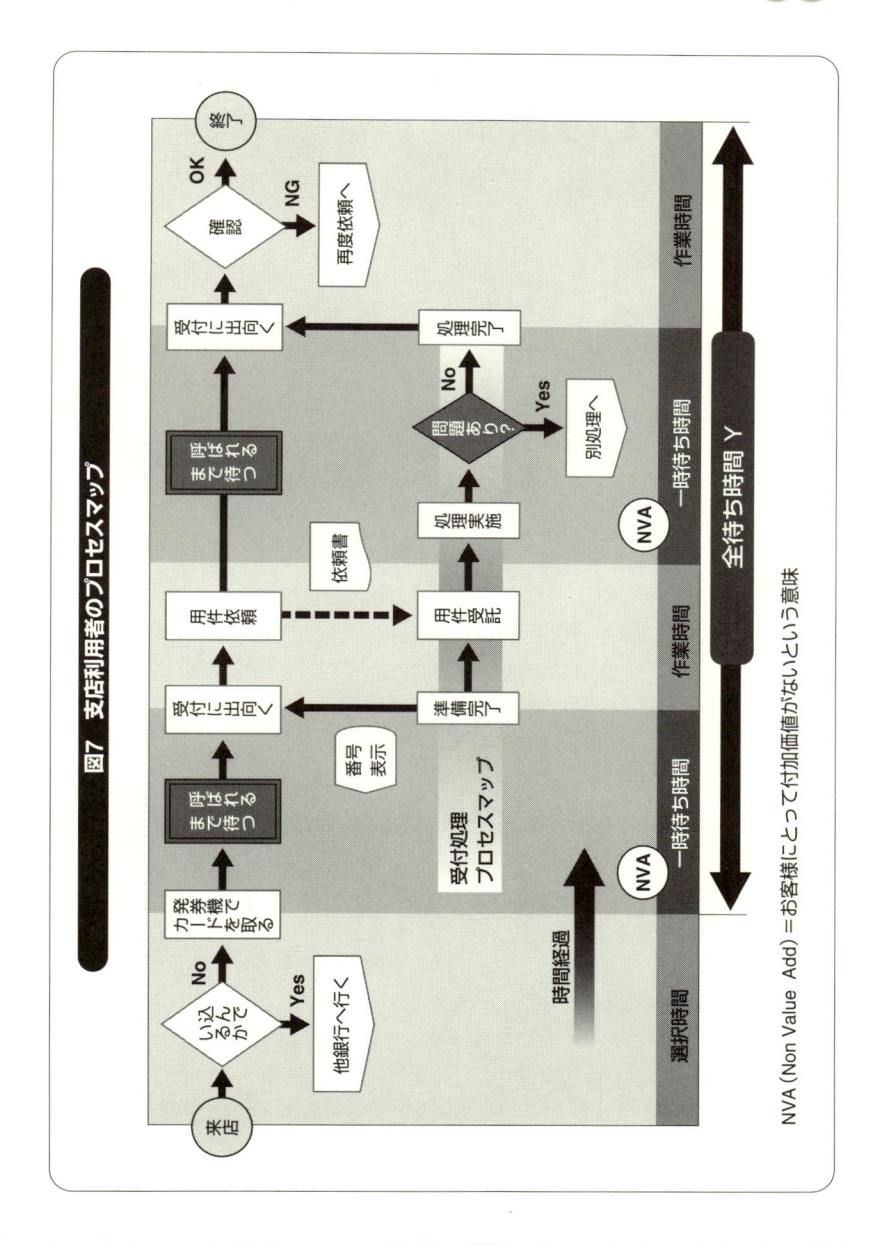

図7 支店利用者のプロセスマップ

NVA (Non Value Add) = お客様にとって付加価値がないという意味

8 計測できるものから始めてみよう

●……大切なのは定量性

さて「受付待ち時間短縮プロジェクト」のMフェーズが進んでいるわけですが、先ほどのプロセスマップにあったNVA[*6]（付加価値なし）の表示に気づかれたでしょうか？

そもそもが、この「待っているだけの時間」というのは、お客様はもちろんのこと、銀行にとっても何の価値も生み出していない時間です。だから限りなくゼロに近くなってほしいのですが、現状の支店業務処理能力を考えれば、ゼロはありえないでしょう。しかしながら、受付待ち時間が短いにこしたことはないので、少しでも減らす努力が要求されるわけです。

そして、このプロジェクトにおいて真っ先に計測しなくてはいけないものも、この「付加価値のない待っているだけの時間」にほかなりません。

田中さんのチームは手分けをして、ストップウォッチを片手にお客様の待ち時間を調べ始めました。これは、フロアの片隅で目立たないようにこっそりと行ないます。時間計測に先立って、下記の通り計測方法を取り決めました。

①計測するのは、受付カードを引いてから窓口業務が終わるまでとする（Y）。
②最悪条件とされる給料日前後に実施。
③窓口業務を行なう3人を対象として計測。
④トラブル処理の場合には、別にカウントする。
⑤計測時間は10秒単位。
⑥サンプル数は最低30人。ただし、多い分には構わない。

こうして貴重なデータを集めることができました。シックスシグマでは、数値データを「目で見せる」ことが鉄則でしたね。ここでも、ヒストグラムを使って、計測した時間データを見てみることにしましょう。

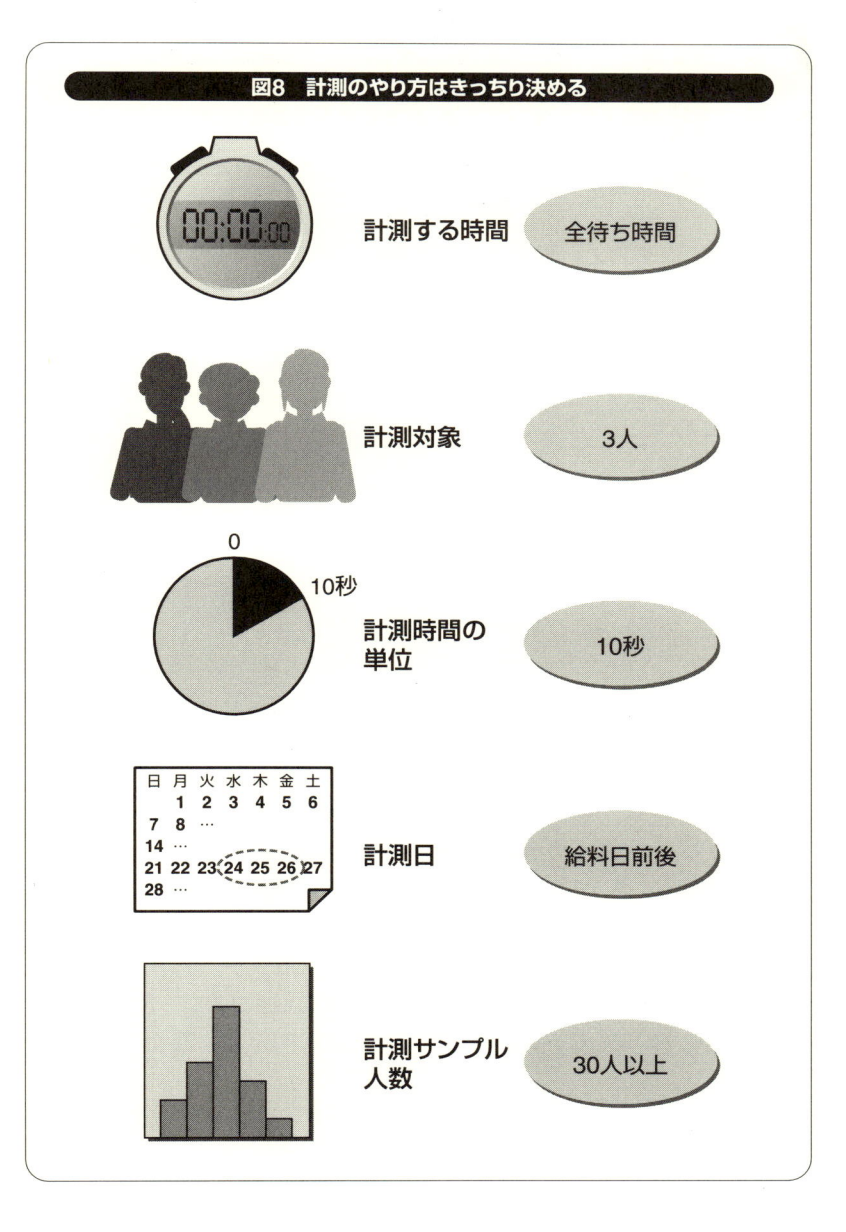

図8　計測のやり方はきっちり決める

項目	内容
計測する時間	全待ち時間
計測対象	3人
計測時間の単位	10秒
計測日	給料日前後
計測サンプル人数	30人以上

第5章 ●〈上級編〉待たされるのはまっぴらごめん

9 数字だけではわからない

● ‥‥‥平均とバラツキを目で確かめる

　現状把握のために、時間データをヒストグラムにしてみましたが、3人のとったデータは違うのは当然ですね。

　もっとも、この段階では、その違いの原因を考えるよりも、データをいろいろな側面から観察してみることが大切です。

　待ち時間の全体像を見るために、3人分のデータを足し合わせて、再度1つのヒストグラムにしました。これが窓口全体の業務処理能力に相当することになります。

　皆さんも統計処理ソフトを使い慣れれば、この分布の平均値[*7]や標準偏差[*8]、さらにはこのヒストグラムが正規分布[*9]かどうかまで、ワンタッチで求めることができるでしょう。田中さんたちもこういった統計ツールの助けを借りて、数値の集まりを分布という形で捉えています。

　平均値やバラツキといった分布を見ることは、全体的傾向を比較したり、どのように推移しているのかを理解することに大変有効な手段です。

　これまでにも何度も申し上げてきた通り、ここでは統計学を勉強することが目的ではありません。統計を使う目的は、与えられた課題をいかに効率よく適切に解いていくかにあります。極端なことをいえば、統計を使わなくてもシックスシグマは実践できるのです。しかしながら、数値化された多くのデータを効率的に処理する状況に遭遇したら、迷わず統計ツールをお使いいただくことをおすすめします。

　ここでは、新橋支店の窓口業務の能力を待ち時間という尺度で捉えたとき、平均値と標準偏差という、他行と比較できる指標で示すことができました。

　このように平均値とバラツキで表現することで、明確な到達目標を数値で設定できます。

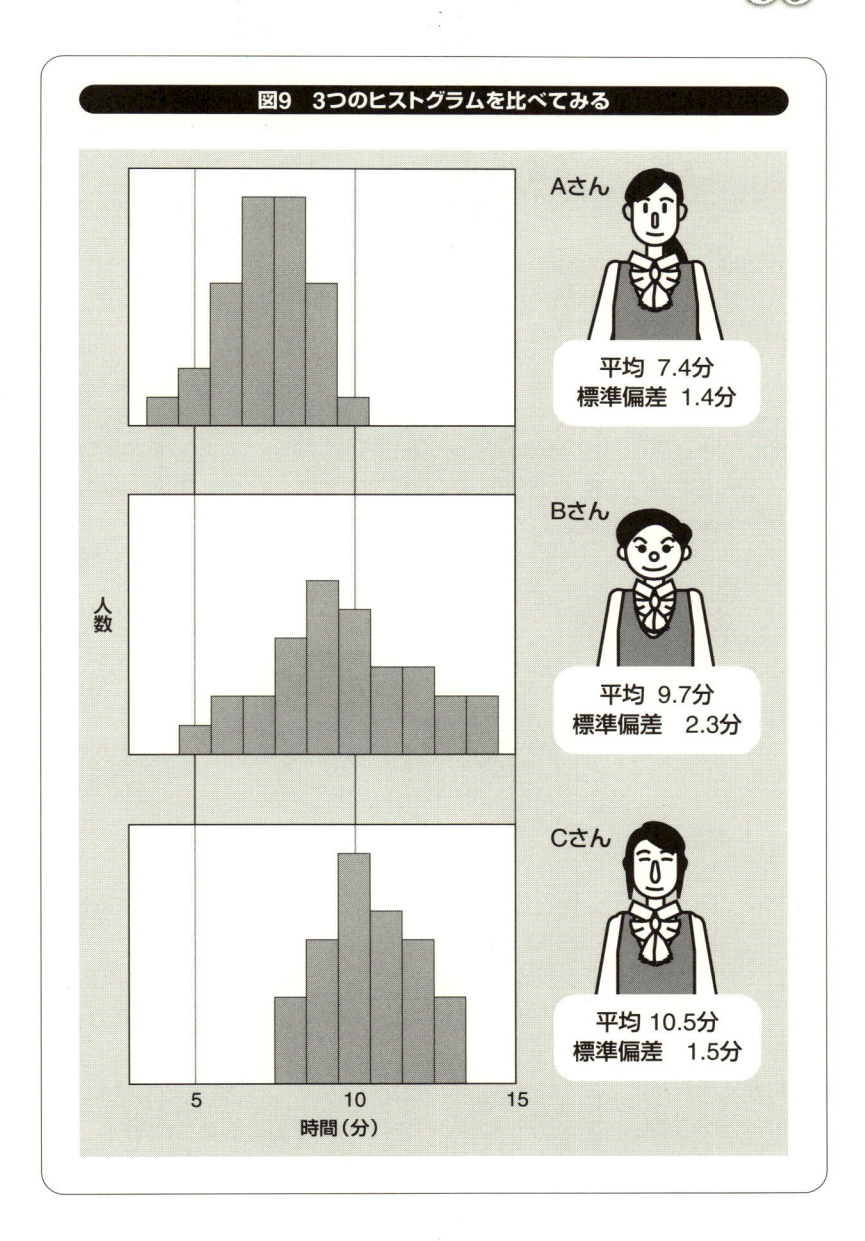

図9 3つのヒストグラムを比べてみる

Aさん
平均 7.4分
標準偏差 1.4分

Bさん
平均 9.7分
標準偏差 2.3分

Cさん
平均 10.5分
標準偏差 1.5分

人数

時間(分)

10 比較できるのが分布の取り柄

◉ ‥‥‥‥‥目標を決めるベンチマーキング

　それでは、待ち時間はどこまで短縮すればよいのでしょう。
　先ほども申し上げた通り、本来はゼロであれば誰もがハッピーであるはずの時間なのですから、やはり目標はゼロに置くべきでしょうか？
　それとも、もっと現実的なレベルが考えられるのでしょうか？
　その答えは、ベンチマーキング*10 という考え方にあります。いままでにも説明してきた通り、ベンチマーキングという方法を用いる理由は、到達目標の妥当性を客観的に裏づけることにあります。つまり、独り善がりな目標値を設定する危険性を回避するためなのです。
　田中さんたちは、決死の覚悟（？）で、新橋界隈にあるほかの銀行にもぐりこみ、先ほどと同じような時間計測を敢行したのです。しかし100人分のデータを集めるのはさすがに怪しまれるので、30人分だけ計測しました。その勇気ある行動の結果から、それぞれの分布を比較することが可能になりました。驚いたことに、ほかの銀行でも似たりよったりの結果になるだろうという期待はもろくも打ち崩され、トキオ銀行の健闘ぶりがひときわ目立ちます。

田中「うーん、こいつは参ったな。お店の規模も陣容も大差ないはずなのに、この違いはいったいどこからくるのだろう」

　確かにトキオ銀行は来店者数も多いのに、さほど混雑しているような印象を受けませんでした。それだけ業務が整然と行なわれているといえるのかもしれません。
　とにかく他行がここまでやっているのだから、このレベルは必達目標にしなくてはという危機感をメンバーが持ったことはいうまでもありません。

図10 他行との比較

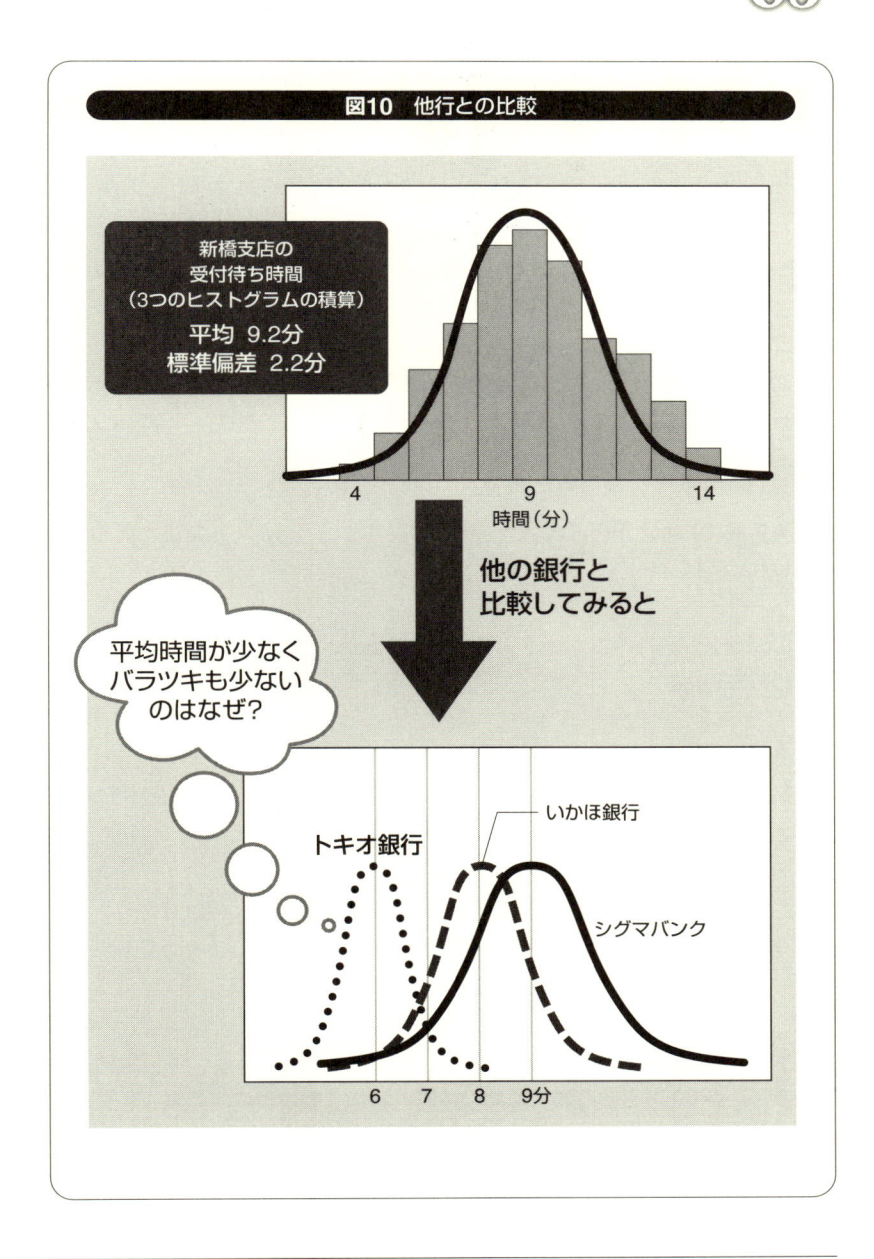

新橋支店の
受付待ち時間
（3つのヒストグラムの積算）
平均 9.2分
標準偏差 2.2分

時間（分）

他の銀行と
比較してみると

平均時間が少なく
バラツキも少ない
のはなぜ？

トキオ銀行　　いかほ銀行　　シグマバンク

第5章 ●〈上級編〉待たされるのはまっぴらごめん

11 メンバーの意見はみんなの財産

● ········ ブレーンストーミングのまとめ方

「受付待ち時間をトキオ銀行並みの平均6分にする」という非常にアグレッシブな到達目標値を掲げた田中さんたちは、関係者を交えて、ブレーンストーミング[*11]を行なうことを提案しました。
　1時間程度とはいえ、受付担当者や店内案内係まで総勢10人ものメンバーで行なうことになるため、事前に支店長の了解を取りつけなくてはなりません。

小泉支店長「トキオ銀行と比べて、ウチの評判が劣るのだとしたら、真剣に検討しなくてはならん！」

　プロジェクト続行のゴーサインが出たところで、ブレーンストーミングが行なわれました。

受付A「とにかく印鑑を持ってこない方には手を焼くわね」
案内係「お年寄りにはATMをおすすめできないから、どうしても受付に頼むねえ」
受付B「端末の入力処理スピードには個人差が大きいと思う」
受付主任「トラブル対応が足を引っ張るのはわかっているんだけど……」
田中「皆さんに出していただいたご意見を、このような図にまとめてみました」

　田中さんは、全体の意見を特性要因図（魚の骨）[*12]にして、意見集約を試みました。30以上出てきた意見の中で、特に「担当者による個人差」と「トラブル対応」の2点ではほぼ全員が一致しました。
　そこで田中さんたちは、この主要意見を検証できるのかどうか、計測データを再検討することにしました。

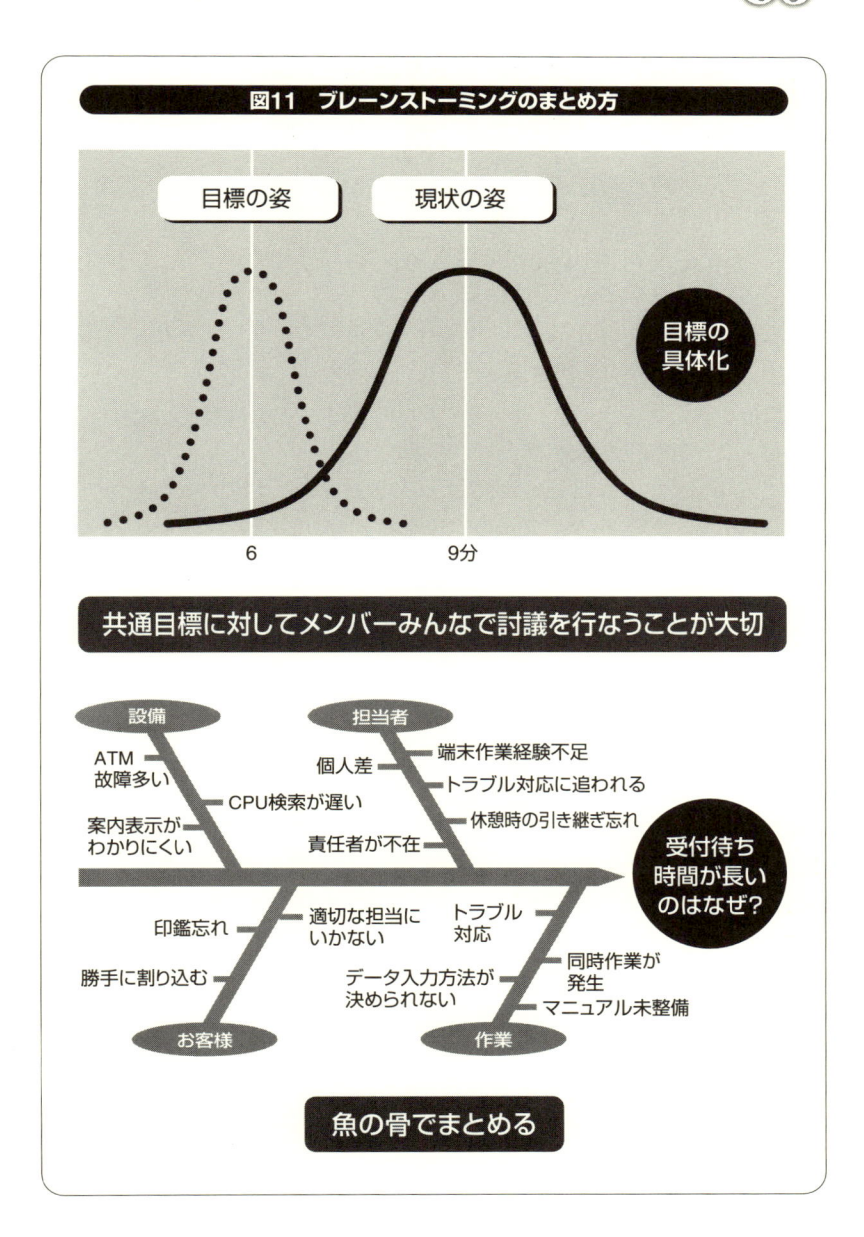

図11 ブレーンストーミングのまとめ方

目標の姿　　現状の姿

目標の具体化

6　　9分

共通目標に対してメンバーみんなで討議を行なうことが大切

設備
- ATM故障多い
- CPU検索が遅い
- 案内表示がわかりにくい

担当者
- 端末作業経験不足
- 個人差
- トラブル対応に追われる
- 休憩時の引き継ぎ忘れ
- 責任者が不在

お客様
- 印鑑忘れ
- 勝手に割り込む

作業
- 適切な担当にいかない
- トラブル対応
- データ入力方法が決められない
- 同時作業が発生
- マニュアル未整備

受付待ち時間が長いのはなぜ？

魚の骨でまとめる

12 変革のヒントはプロセスにある

●……… Vital Few を見つけ出せ

　特性要因図によって集約された 2 つのポイントに対して、データを見直してみると面白いことがわかってきました。

要因①：担当者の個人差
・窓口担当者 3 人を比較してみると、A さんが最も待ち時間が少ない。
・B さんは、最も待ち時間のバラツキが大きい。
・C さんのバラツキは A さん並みだが、待ち時間の平均値が大きい。
・A さんと比べ B さんと C さんの平均値には有意差がある。
・A さんや C さんと比べ、B さんはバラツキに有意差がある。
要因②：トラブル対応
・定常時とトラブル対応時とを比べると、平均値で明らかに有意差が見られる。
・A さんには計測中 1 度もトラブル対応がなかった。

　以上のことが、データを定量的に分析することによって判明したのです。とすれば、受付の担当者がブレーンストーミングの際、経験的に漠然と挙げていた要因の認識が、データによって裏づけられたことになります。言い換えると、この 2 点を改善できれば、待ち時間削減に大きく貢献することが予想できます。
　まさにこの観点から、この 2 つの要因が待ち時間短縮における Vital Few（バイタルフュー）[*13] と呼ぶのにふさわしいということになるでしょう。
　このように議論を進めていくことによって、プロジェクトメンバーは確信をもって改善策を考えることができるようになるのです。

図12 データ同士を比較する

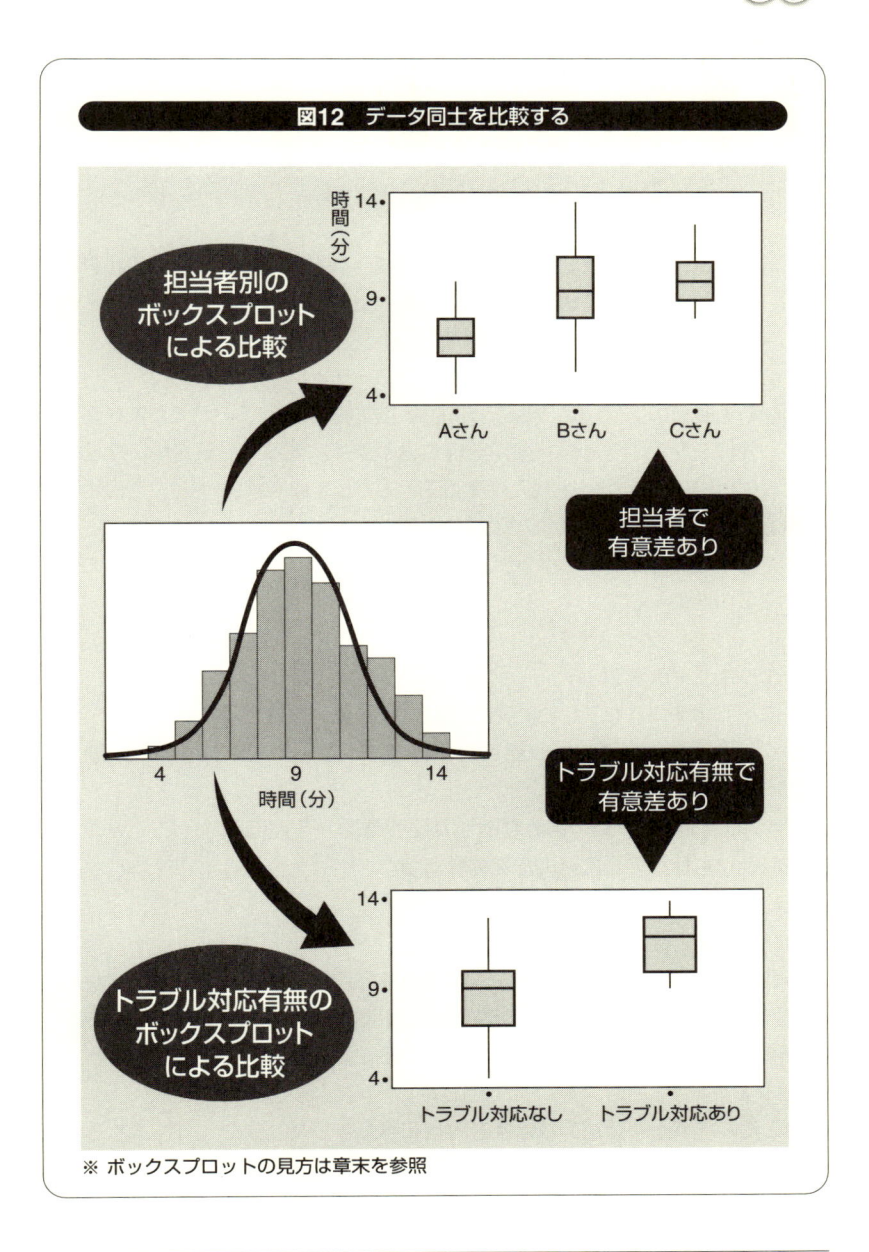

担当者別の
ボックスプロット
による比較

担当者で
有意差あり

トラブル対応有無で
有意差あり

トラブル対応有無の
ボックスプロット
による比較

トラブル対応なし　　トラブル対応あり

※ ボックスプロットの見方は章末を参照

第5章 ●〈上級編〉待たされるのはまっぴらごめん

13 急がば回れのアプローチ

● ‥‥‥‥‥柔軟性こそシックスシグマの信条

　改善策にたどりつくまでに、ずいぶんと遠回りをしてきたように思われるかもしれませんが、ここまでのアプローチに確信を持てることこそがシックスシグマのよさなのです。
　専門的な表現をすれば、仮説検証型アプローチといいます。
　経験ある多くの方々は、問題を見つけると、勘と度胸で一気に改善を図るべく必死にモグラ叩き的試行錯誤を繰り返します。偶然にも最適解にたどりつければいいのですが、迷宮入りすることもないとはいえません。このような事態を避けるためにも、急がば回れのアプローチが必要となります。
　さて田中さんたちチームメンバーは、バイタルフューを改善するための分析をさらに進めました。

バイタルフュー改善案①
・従来から標準化されていた作業プロセスでも個人差が出ることがわかったので、今回最も模範的だったAさんの持つノウハウを作業標準に反映させる。
・四半期に1度、今回のような計測（定点観測）を実施し、そこで見つかるバラツキがどの程度なのかを検証する。

バイタルフュー改善案②
・トラブル処理時間そのものを短くするのは極めて困難。またトラブルやお客様による割り込みは、その発生頻度を予測できないので、トラブル発生に際してはすぐにバックアップできるよう、要員配置を変えた。

　そこで、さっそく上記の改善案を実行に移しました。果たして、これらの改善効果によって到達目標値をクリアすることができるのでしょうか？

図13 バイタルフュー要因に着目した改善策

バイタルフュー改善案①
担当者による差をなくす

Aさん → ノウハウを標準化 →

判断基準を
十分に活用

バイタルフュー改善案②
トラブル対応フローの徹底

トラブル発生！ → 2分以上かかりそうか？ → No → そのまま処理続行 → 作業終了
　　　　　　　　　　↓ Yes
　　　　　　　　　応援要請
　　　　　　　　　　↓
　　　　　　　　　担当者増員

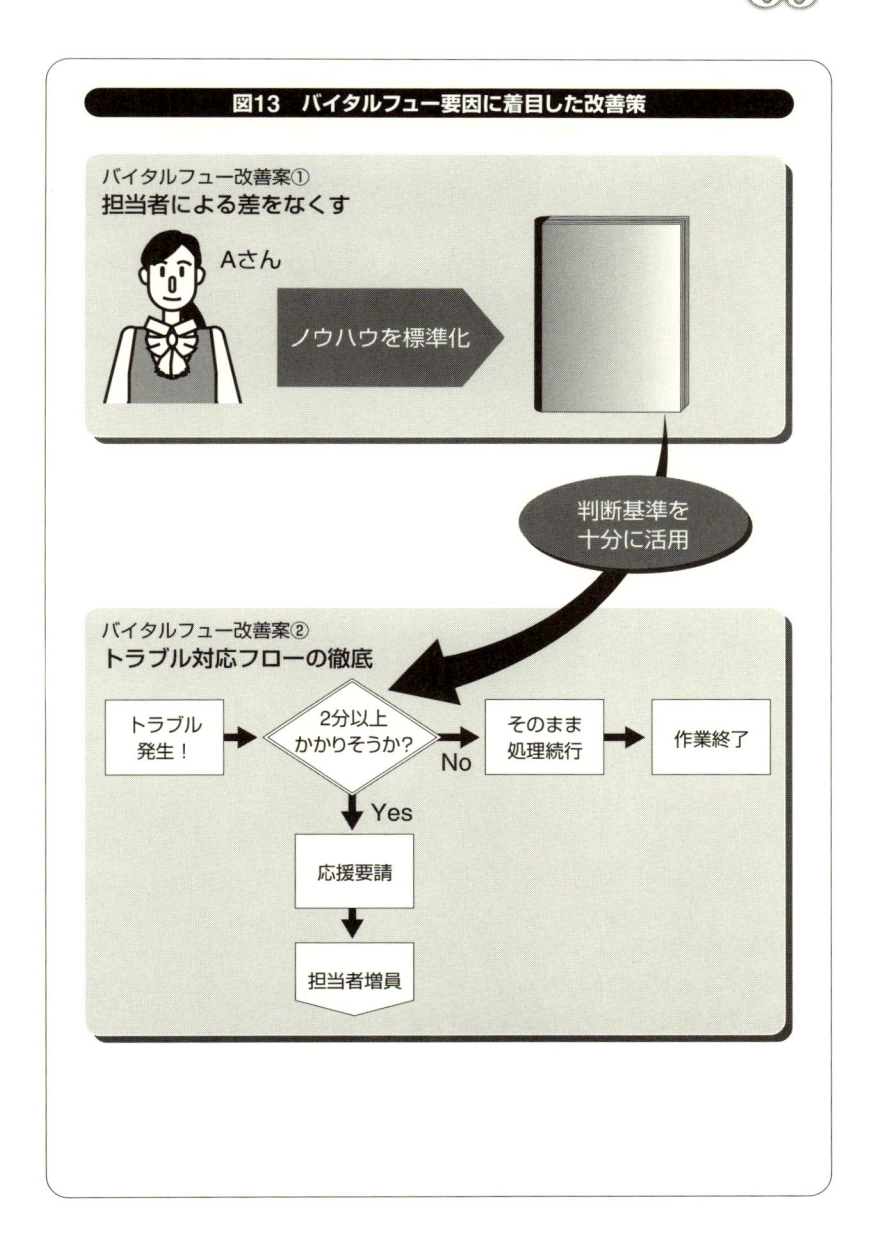

14 変えっぱなしはケガのもと

● ……… 効果の確認を忘れずに

　新しい作業標準を採用してから、田中さんたちは再度同じ条件で待ち時間を計測しました。その結果を見ると、明らかに分布が変わっています。目標値であった平均6分にはわずかに及びませんでしたが、それでも従来の待ち時間を3分近く短縮できたことになります。

田中「残念だが、まだトキオ銀行レベルにはなっていない。季節変動による繁忙日の予測に合わせて、最適な要員配置を考え直したほうがいいな」

　田中さんは、ここまでの結果を支店長に報告することにしました。

小泉支店長「なるほど、これでウチの利用者の満足度が上がってくれればいいがな」
田中「そこは再調査を実施して確認します。ただトキオ銀行と比べて、ウチは窓口の数が1つ多いので、彼らのほうが合理化がより進んでいるのも事実です。たとえばATM設置台数との相関なども調べないと……」
小泉支店長「次のテーマはともかく、まずは今回の効果が維持できるよう、しっかりした仕組みを頼むよ」

　支店長の指摘の通り、プロジェクトの成果が一時的なものに終わってしまっては意味がありません。社員教育やマニュアル化など、できる限り暗黙の了解ではない形のルール化が基本になります。
　また目標値に到達したからといって、そこで終わりにしてしまったのでは本来の効果がわからないままになってしまいます。ですからプロジェクトの効果確認のためには、待ち時間が長いことや対応の悪さを嫌って帰ってしまったお客様の減少分を算出することも不可欠です。

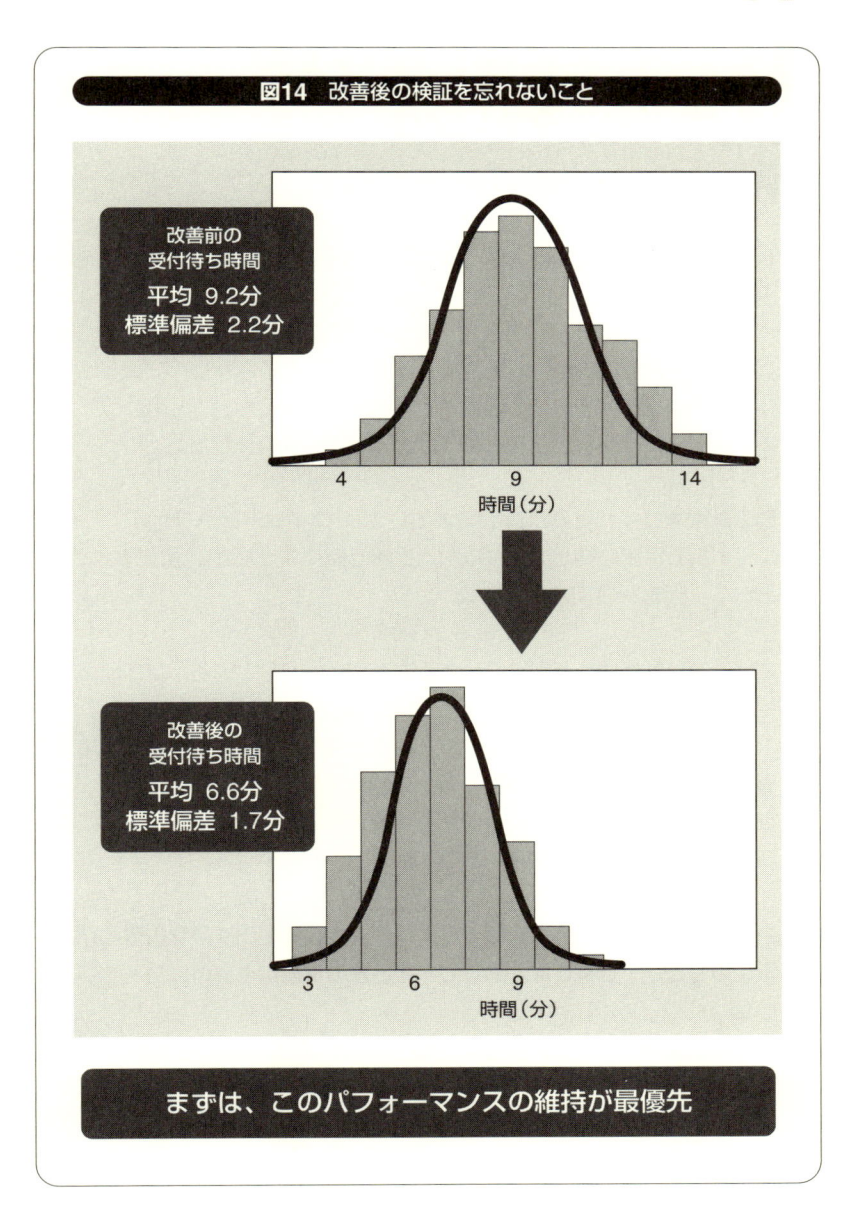

図14　改善後の検証を忘れないこと

改善前の
受付待ち時間
平均　9.2分
標準偏差　2.2分

改善後の
受付待ち時間
平均　6.6分
標準偏差　1.7分

まずは、このパフォーマンスの維持が最優先

第5章 ● 〈上級編〉待たされるのはまっぴらごめん

15 お待たせしません シグマバンク

● ‥‥‥‥‥ プロセス変われば、システム変わる

　受付待ち時間短縮プロジェクトを開始してから、かれこれ3か月が過ぎようとしています。
　田中さんは、当初本社からの依頼であったCTQの特定のために、待ち時間についての利用者アンケートを実施しました。もちろん今回のプロジェクト自体の成果を確認する意味も含まれています。
　このアンケート結果から、次のようなことが読み取れました。

◎ 前回の調査より、利用者の満足度は向上（0.7ポイントアップ）。
◎ 特に受付待ち時間に関しては、以前と比べて短くなったという意見が大半を占めた（回答者の72％）。

　また、待ち時間を嫌って帰ってしまうお客様を調べたところ、プロジェクト開始前の5割にまで減少したことを確認しました。
　したがってこれらすべては、受付待ち時間短縮が利用者の利便性向上に大きく影響することを裏づける結果にほかなりません。
　すなわち「受付待ち時間」の短縮が、新橋支店における利用者にとってのCTQの1つとして明確に特定できたのです。

　田中さんは、これらの結果をもってようやく本社に提出する報告書の作成に着手することができました。そして、報告書の最後にこう付け加えました。

　「‥‥‥以上の結果から、当行の宣伝フレーズとして『お待たせしない銀行』を標榜してはいかがでしょうか？」

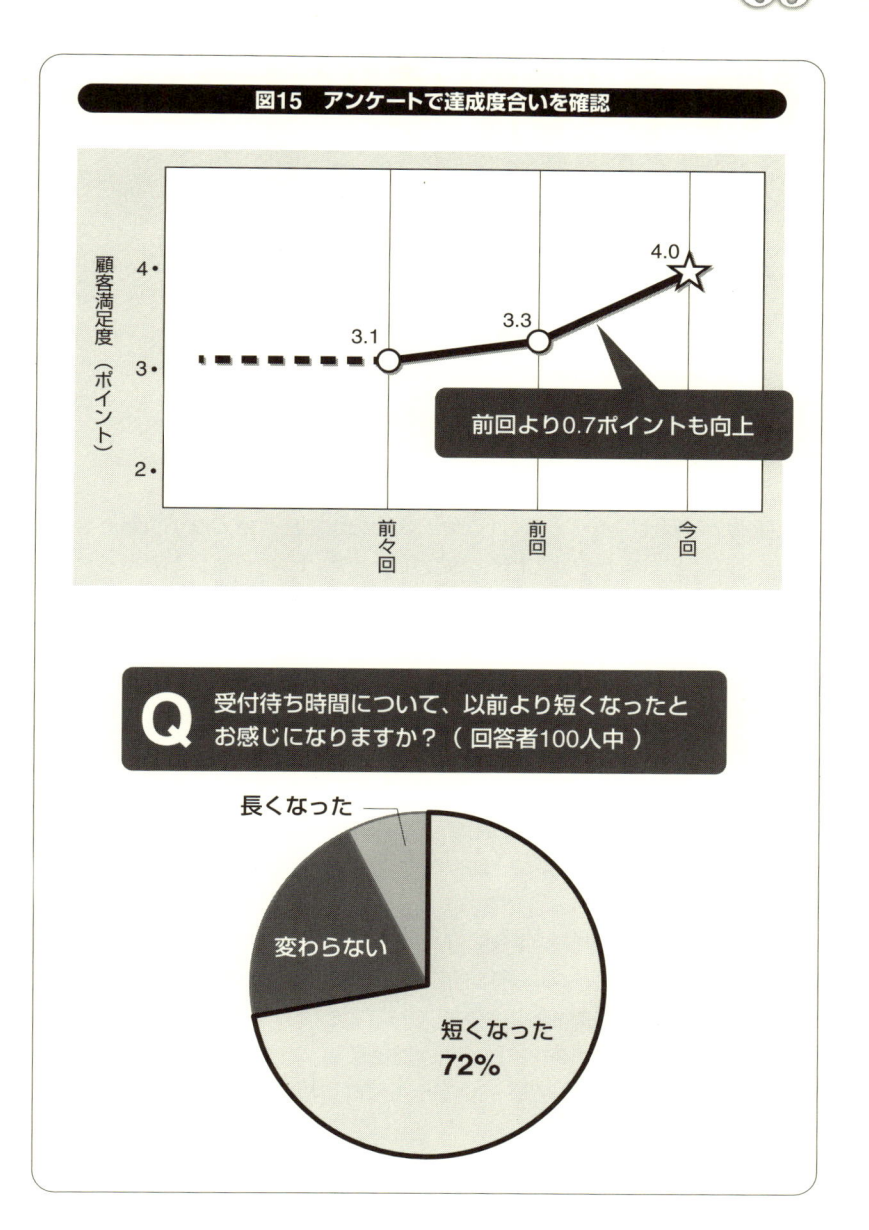

図15　アンケートで達成度合いを確認

顧客満足度（ポイント）

前々回: 3.1
前回: 3.3
今回: 4.0 ☆

前回より0.7ポイントも向上

Q　受付待ち時間について、以前より短くなったとお感じになりますか？（回答者100人中）

- 長くなった
- 変わらない
- 短くなった　72%

第5章 ●〈上級編〉待たされるのはまっぴらごめん

16 その後のシグマバンク新橋支店

● ‥‥‥‥‥最終評価の方法

　新橋支店からの報告を受け取った本社シックスシグマ推進室では、さっそくほかの支店からの回答とあわせて、顧客利便性についてのCTQを検討しました。その結果、受付待ち時間短縮を含む3つの項目が、CTQとして選ばれることになったのです。

　ここで選ばれたCTQは、次回の支店長会議で報告されることになっています。

石原頭取「利便性にとってのCTQは、次回の支店長会議で重点課題として通達するように。また今回の調査に協力した支店のプロジェクトで得られた成果を、早急に展開してほしい」

　指示を受けた本社推進室では、3つのCTQに対応するベスト・プラクティス（成功事例）を1つずつ選び、社内電子掲示板に掲載することにしました。その中では、新橋支店の田中さんたちの取り組みも紹介されています。

小泉支店長「この間の支店長会議で石原頭取から、『新橋支店の田中クンって担当者はなかなか優秀だな。今度ぜひ本社の推進室を手伝ってもらいたいんだが』と頼まれたぞ。どうだ？」
田中「えっ？ 本社ですか。う〜ん……」
小泉支店長「悪い話じゃないぞ」
田中「そうですねぇ。でも推進室に行くってことは、マスター・ブラックベルト[*14]候補になるわけですよね。私は現場でもっと力をつけてプロジェクト評価ポイントを上げてから、マネジャーになりたいんです。ですから、せっかくのお話ですが……」

　ブラックベルトの資質は「初志貫徹と粘り強さ」だと、私たちは考えます。

図16　成功事例の共有化

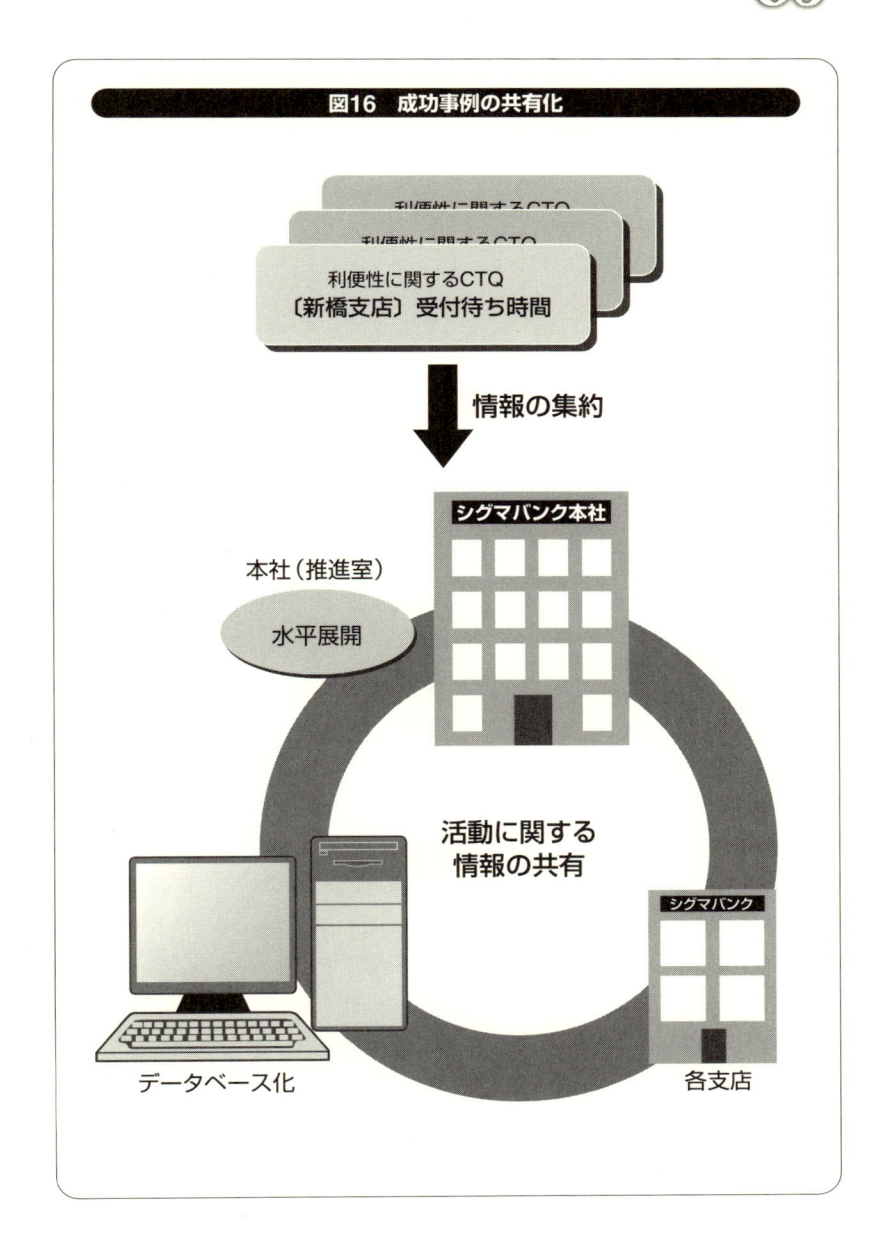

利便性に関するCTQ
〔新橋支店〕受付待ち時間

↓ 情報の集約

シグマバンク本社

本社（推進室）
水平展開

活動に関する
情報の共有

データベース化

シグマバンク
各支店

〈上級編〉用語解説

＊1 CTQ（Critical To Quality）
経営品質に決定的に影響を与える要因。これを考え、見つけることがシックスシグマ・プロジェクト成功のポイント。

＊2 VOC（Voice Of Customer）
顧客の声。お客様が本当に求めていること、不満に思っていることなど、お客様の本音を指す。

＊3 品質機能展開（QFD）
市場や顧客のニーズを技術分野に伝達するための手法の1つ。品質表とも呼ばれる。

＊4 グリーンベルト
ブラックベルトと同様にシックスシグマ・プロジェクトのリーダーを務めるが、通常ライン業務との兼任となる。

＊5 プロジェクト設定シート
シックスシグマ・プロジェクトとして取り上げるテーマの期間や現状レベル、期待効果などを記入する書式。これにより、プロジェクトが経営者から委託される。

＊6 NVA（Non Value Add）
あるプロセスを構成する活動の中で、経営や業務上、もしくは顧客に対して、何の価値ももたらさない活動。

＊7 平均値
全データの合計をデータ数で割ったもの。

＊8 標準偏差
データの「バラツキ度合い」を示す指標。シグマ（σ）の語源。

＊9 正規分布
データがばらついている状態をヒストグラムで示したものを「分布」と呼ぶ。その分布が最も標準的な形（釣鐘型）であるものを「正規分布」という。

＊10 ベンチマーキング
客観的な尺度によって、競合他社や異業種での業務のやり方の比較を行なうこと。

＊11 ブレーンストーミング
アイディア創出を目的とした会議のやり方。目的や対象を絞って参加メンバーに自由に発想させる。

* 12 **特性要因図（魚の骨）**
問題となっている事象（特性）とそれに影響を与えている要因を魚の骨のような体系でまとめたもの。QC7つ道具の1つ。

* 13 **バイタルフュー**
ある事象や特性に特に大きな影響力をもつ重要な要因。

* 14 **マスター・ブラックベルト**
ブラックベルトをトレーニングする能力や経験をもったシックスシグマのスペシャリスト。

ボックスプロットの見方

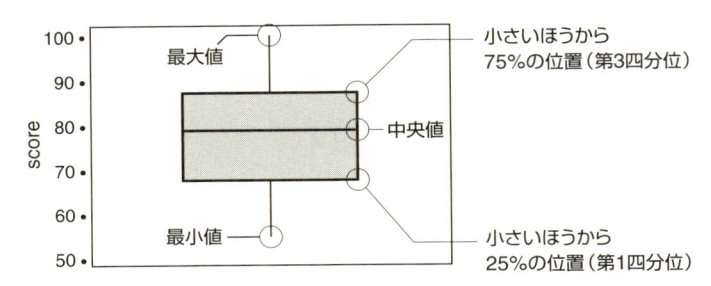

- 最大値
- 小さいほうから75%の位置（第3四分位）
- 中央値
- 最小値
- 小さいほうから25%の位置（第1四分位）

※通常、最小値から最大値までの幅が狭いほどバラツキが小さい。

終章

▼

初心者のための
シックスシグマ質問箱

とにかく右も左もわからない、
でもシックスシグマと向き合うはめになった
あなたのご質問にお答えします。
とにかく一度目を通してみてください。

終章 ● 初心者のためのシックスシグマ質問箱

1 「シックスシグマ」って何?

　最初にこの単語を聞いて、即答できたとすれば、よほど想像力に富んだ方か数学をよくご存じの方ではないでしょうか?

　前著『[図解]コレならわかるシックスシグマ』でもご説明しました通り、「シックス」が6、「シグマ」がσ、つまり標準偏差を示しているので、直訳的に「σが6個分」ということを意味します。たとえば、製造部門で製品100万個中に3個しか不良品が発生しないくらいクオリティが高い、というような説明が一般的には行なわれています。

　しかし、「シックスシグマ」という言葉にはもう1つ別の意味があります。それは、GEをはじめとする多くの企業において実績を収めてきた社内改革運動論を代表するキーワードだということです。「シックスシグマは宗教だ」と揶揄されるほど、徹底してこの考え方を実践することが要求されてきたため、もはや単なる方法論やツールといった領域を超えて、思想的な運動論にまで発展してきた経緯があるためです。

　もちろんシックスシグマは魔法の杖ではありませんから、すべてがこれだけで解決するわけではありません。また誤解していただきたくないのは、単に誰かが教えたり、誰かから教わったりするものでもないということです。自分で考えてみる、使ってみる、やってみるといった取り組みの姿勢が、まずは重要なことなのです。企業を変える、企業が変わるというのは他ならぬそこにいる自分自身がやりとげなくてはならない試練のようなものですから、他人から強制されていやおうなしに渋々とでは、出てくる結果は知れたものになってしまいます。

　最終的には、お客様のために自分たちが提供できる仕事をよりよくしたいという想いが結集する活動になっていくのが理想的といえるでしょう。

2 いったい誰が参加する活動なの？

　シックスシグマで実施される「プロジェクト」と呼ばれる活動には、経営者からパートさんまで、全員の皆さんが参加する可能性がありますし、またそれぞれのレベルに応じて参加していただく必要があります。
　決して特定の職位や部署の方だけが理解して進めていけば成功するというたぐいの活動ではありません。「品質管理と名がついているから、品質管理部門の仕事だ」とか「事務局がなんとかやってくれるさ」では、シックスシグマに限らず、このような活動は定着していきません。やはり雰囲気づくりも含めて全社的なうねりを生み出さなくてはならないのです。
　そのためには、プロジェクト活動のみならず、情報インフラ構築や評価・報賞制度などプロジェクトを効果的に運営していくための基盤作りが不可欠です。そして究極的にはGEがそうであるように、プロジェクトという名前をつけた別枠扱いの改革活動ではなく、日常業務そのものが改革を生み出すような組織体に変貌していくことが、企業の競争力を向上させるための大きな目標かもしれません。
　どんなに大きな企業であっても、基本は社員一人ひとりの知恵と工夫と努力の上に成り立っているのですから、各人の考え方のバラツキを抑えて、求める方向に導くことができれば、これに勝るパワーは他にはあり得ません。このときくれぐれも肝に銘じておいていただきたいのは、「お客様」のための活動であるということです。これを忘れてしまっては、ただの独り善がりにすぎなくなる危険性があります。
　当たり前かもしれませんが、管理職は知恵を絞り、現場は腕を磨くという組織のあり方をもう一度思い出していただければよいのではないでしょうか？

3 本当にお金になるの？

　本書でもCOPQや利益指標といった用語が並んでいたと思いますが、シックスシグマにおいて必ず意識していなくてはならないのがコストあるいは利益といった観点です。

　給料をもらって働いている限り、その金額に見合うだけの経済的付加価値を生み出すことを期待されているわけですから、プロジェクトを定義する段階で明確な金額目標を置くことが必要となります。

　一方経営者の側に立てば、いくらコスト削減につながるからといって独善的な成果を求めたのでは、その投資に対する株主やユーザーの追及はまぬがれ得ない状況になってしまいます。コストを下げるなら、価格を下げることが目的なのか、利益を出して再投資をすることで拡大再生産を図るのか、明確に提示しておかなくてはなりません。

　経営者がプロジェクトを委託し、ブラックベルトが請け負うという契約にも近い形態を取り込むことによって、プロジェクトの成功率を高め、効果を明確に算定することこそが、かつてのQC活動とは大きく異なるポイントだといえます。言い換えるなら、体系的なムダとりとでもいえるでしょうか。

　容易に金額換算できる問題ばかりとは限りませんから、最初にメトリクスという形で指標を決めておくことも必要です。またプロジェクト終了と同時にキャッシュが手に入るわけでもありませんから、経理的な実績の監視をどうやって行なうのかを考えておかなくてはなりません。

　いずれにしても、こういった観点から問題を捉えていくことこそが非常に重要と考えられるので、多少時間がかかったとしても後で後悔しないために、成果を金額化するための算定式を導いておくことが必要条件となります。

4 シックスシグマの共通語とは？

　シックスシグマではVOC、CTQ、バイタルフューなど多種多様な専門用語が日常的に飛び交います。本書の各章末の用語解説でご紹介したものはその一部でしかありません。とても全部を覚えきれるものでもありませんから、シックスシグマを導入した企業では、用語集などを作って社員に配布したり、社内ホームページ上で検索できるデータベースを構築したりしているようです。

　ただし共通語というのは、こういった用語ばかりではなく、実際にはもっと広い意味を指しています。それは、経営層から一般社員までお互い速やかに問題点あるいは改善点を理解できる手段をもつということです。たとえば数値データや報告内容は、数字や文章の羅列ではなく、簡潔なグラフや図にまとめて表記するといったテクニックを駆使して、判断のスピード向上やバラツキ低減を目指していただきたいと思います。また報告書の様式を統一化したり、報告会の進め方を標準化することによって、報告書作成や会議の効率化を図ることも必要でしょう。

　これは、コミュニケーションのポイントが、いかに的確に要点を伝えるかということだからで、なにも報告書の装丁やプレゼンテーションのスタイルに凝るということではないからです。

　このような共通語を自然にもてるようになるのが、シックスシグマ流改革といえましょう。

5 DMAICとMAICの違いは？

　手っ取り早くいえばD（Define）フェーズがあるかないかの違いですが、その意味の違いには大きなものがあります。前著『[図解]コレならわかるシックスシグマ』では主にMAICでご紹介してきましたが、本書では、議論をより進めてDMAICでご説明したつもりです。

　歴史的な経緯からいえば、最初にモトローラが考えた進捗管理フェーズはMAICのみだったのですが、GEが取り込んだ際にさらにDフェーズを提唱したことでDMAICになったといわれています。ですから、現在紹介されているシックスシグマの進捗管理フェーズは、このGEが提唱したDMAICで説明されているものが多いようです。

　Dフェーズの解釈としては、経営層が与える改革テーマを適正規模にまでブレイクダウンするプロセスだと考えていただければよいと思います。その過程においては、VOCからの顧客ニーズの抽出、VOCの経営課題に対する優先順位づけなどを検討していくことになります。したがって、議論を行なうメンバーも事業戦略を考える立場の方を中心として、最終的には役員会などでの決裁を行なうことになります。

　またQC活動でいうPDCA（Plan-Do-Check-Action）とMAICとの違いのご質問もよくいただきますが、似て非なるものと考えます。強いていうならば、MAICの各フェーズの中でそれぞれPDCAサイクルが回っているという表現が可能かもしれません。

　いずれにしても、このように厳密な進捗管理を行なう目的は、やりっ放し、やらせっ放しを防ぐための約束事であり、またプロジェクトの進捗状況いかんでは、途中で断念する英断を仰ぐ必要があるためなのです。

　DMAICは、シックスシグマにおける改革プロセスの目で見る管理の基本原則だと覚えておいてください。

6 統計が出てこないシックスシグマ？

　シックスシグマへのとっつきにくさの1つに、統計という側面があります。しかし統計はそんなに難しいものなのでしょうか？
　本書でご紹介した初級編、中級編の事例では、統計はほとんど出てきません。何度も申し上げている通り、データに基づいた議論、DMAICによる進捗管理といった点を踏まえて課題解決に臨んでいただくことが、まずは先決となるからです。
　それでは、統計をまったく使わないで済むかというと、そうでもありません。定量的な議論を行なうためにたくさんの数値データを集めた後、わかりやすく表現しようとヒストグラムを作る……といった考え方は統計的発想そのものといえます。もっと身近な日常生活で遭遇する○○平均や物価動向なども統計の産物ですし、数値を比べたり、分布を捉えたりするためには、誰もが自然にこの考え方を利用しているのです。
　シックスシグマで統計を使う第一の目的は、定量的データの視覚化にあります。したがってグラフや図などにうまく展開するための1つの定型手段と割り切って考えれば、少しは統計に対する敷居が低くなるのではないでしょうか？
　また複雑な統計計算を行なう必要があれば、優れたソフトウェアが数多くあることですし、データの入力方法と結果の判断方法さえ理解していれば、使いこなすことはそう難しくはありません。
　現状のプロセスマップを作ったり、メトリクスを検討することで解決の糸口がつかめる問題もたくさんあるので、シックスシグマを統計の側面だけで問題視することはあまり本質的な指摘にはならないと考えます。

7 データが集まらない

　シックスシグマ活動で、欲しいデータがうまく集まらない理由には、下記のような場合があります。

◎メトリクスが明確になっていない
◎データ提供元の協力が得られない
◎膨大なデータを前にすくんでしまった

　よくメトリクスが明確になっていないために、何に着目して集めてきたらよいのかすらもわからないままに、立ち往生してしまうケースが目立ちます。
　特に事務系（間接）部門のデータといっても、定量的なものはないに等しい場合が多いので、まずどうやってデータを収集するのかを議論しなくてはなりません。このような場合、最初から定量性を追いかけるよりも、定性的な事実を積み上げて、定量的なデータを集めなくてはならない作業工程やディフェクト（欠陥）を絞り込んでいくことが必要です。つまり問題をよく反映している尺度が、時間なのか、作業量なのか、あるいは情報量なのか、たとえ人間系の作業であっても精査してみることが肝心です。
　そのうえで、定量的に捉えられるデータが見つかれば、過去に同じようなデータがあったかどうかを探してみるのです。このようなヒストリカル・データがあれば、時間的な動向や傾向を把握するのに非常に役立ちますし、目標を設定するうえでの参考になります。
　また反対に多くのデータにおぼれてしまって、絞り込めないといった場合もあります。このような場合には、さまざまな分析の結果などに照らして、本当に必要なデータだけを抽出していくことになります。とにかくデータがなければ、プロジェクトが進みませんので、データが収集できるまでひとりで悩まずに関係者を交えて一緒に検討していきましょう。

?8 各ツールの使い方がわからない

　本書の序章でもご紹介したように、課題解決に活用できるツールは数限りなくあります。また使えるものは節操なく利用するというシックスシグマの特性からして、将来的に開発される新たなツール類も制限なく取り込まれていくことが容易に予想されます。

　それでは、これらの数多くのツール類を、シックスシグマに関わる方々はすべて理解していなくてはならないのでしょうか？

　結論からいえば、その必要はありません。もちろん知っているにこしたことはありませんが、いくつかの基本的なものさえ知っていれば、あとはアドバイザーとなる社内のマスター・ブラックベルトや外部コンサルタントに相談してみればよいのです。統計処理も、パソコンソフトの発達によって非常に使いやすくなりましたし、表計算ソフトの延長線とみなせば、特に難しくはありません。

　確かにこういったツールの中には、本当によくできたものも多くありますが、専門的すぎて使いこなすまでに長い時間や高額の研修費用を要するものも少なくありません。どちらかといえば、誰にでも使いこなせる基本的なツールをみんながマスターして、共通言語化してしまうほうが、より効果的なのかもしれません。QC7つ道具のように生産現場では使い古されたツールであっても、それを経営判断に適用してみるだけで、新たな着眼点を見出せる可能性だってあるのです。

　ただし統計ツールに代表されるように、データを入力してしまえば、とりあえず答えを出力してくるようなものの場合、導かれた結果の妥当性を必ず検証しなくてはならないことによく注意していただきたいと思います。

9 他の改善手法とどこが違うの？

　QC活動に代表される改善活動は、それこそ世間に数え切れないほど存在しています。その中にあって、シックスシグマがこういった活動と比べて異なっていると考えられる特徴がいくつかあります。

　1つめは、組織内に自立的かつ自律的に問題解決に取り組むための仕組みを内包させてしまうという点です。ここで得られた成功体験は、企業経営の疑似体験そのものというのにふさわしく、次世代の経営幹部養成コースにはうってつけの性格を有しています。

　2つめは、他のさまざまな手法やツールとの親和性が高いという点です。シックスシグマのモットーは、社内に蓄積された貴重なリソースをどんどん活用していこうという点にありますから、QCでもISOでも既存の考え方や仕組みで生かせるものは適材適所で利用していくことになります。仮にこれらの手法の上位概念と考えれば、入門編でも申し上げた通り、「究極の変革手法」なのかもしれません。

　3つめは、自社流にアレンジできてこそ、真の成功的活用にいたったといえる点です。つまり、GEならGE独自の、ソニーならソニー独自のシックスシグマ活動があり、見かけこそ似ているかもしれませんが、内容はまったく異なった活動として根づいているということなのです。ここでの目的は標準化ではなく、各社の企業文化や商売の対象分野の違いをいかに尊重しながら展開していけるかにかかっているのです。本書や前著の内容は、これらの最大公約数的な共通項目をご紹介してきたにすぎません。

　シックスシグマを導入するということは、研修機関や外部コンサルタントにある程度の基礎体力をつけてもらい、最終的にはそこから離れて自立しなくてはならないのです。その意味では手法というより、価値観や思想に近いのかもしれません。

10 穴埋め式問題解決にできないの？

　残念ながら、そこまで簡便にすることはできませんし、それでは自律的な変革など望めなくなってしまいます。

　シックスシグマの本領は、自分たちで自分たち自身の抱える問題点にアプローチするための基本的なスキルを身につけることにあるので、単なる座学やパッケージ的には提供できないものがあります。本書をご一読いただければおわかりの通り、関係者みんなで議論する、実際の現場で実験をしてみるなどといった体験は、プロジェクトという共通作業を通じて初めて実現されることであり、いくら話を聞いたところで、実感には乏しいものと思われます。

　ですから、シックスシグマの導入うんぬんをお考えいただくこともさることながら、お手持ちの改善手法やツールを今一度再活用してみることをお考えいただきたいのです。ただし今まで通りの使い方では、現状と変わらない成果しか期待できませんから、適用する対象を経営的な発想で考えてみたり、活動の中心を現場だけでなくもっと部門横断的に広げてみてはいかがでしょうか？

　こうした発想の柔軟性こそが非常に重要であって、多少乱暴な言い方をすれば、この際タブーや聖域といった障害を乗り越えてでもさまざまなプロセスにシックスシグマ流の考え方を適用してみる勇気が求められているのではないでしょうか？

　パッケージや穴埋め式解決法を模索するのではなく、いかに皆さんの知恵と工夫と努力を結集して成果に結びつけるのかを、ぜひ議論していただければと考える次第です。

監修者あとがき

　ひょっとすると私たちダイヤモンド・シックスシグマ研究会が提唱するシックスシグマは、GE やその他の導入企業とも違う日本的な変革運動論なのかもしれません。なぜなら GE をはじめとする各企業のシックスシグマはあくまでそれぞれ自社のためのものであって、必ずしも汎用性のあるものとは限らないからです。

　「では、何が本当のシックスシグマなんだ？」と問われれば、一言ではとても表現できず、本書でご説明してきたような内容を訥々とお話ししていくしかないのが現状です。それはつかみどころがないというよりも、あまりに大きな体系を背景にもっているがために容易には説明できないということなのです。本書を作成するにいたった経緯も、製造現場や経営者の方ばかりではなく、会社の中の営業部門や事務系部門の方々にももっとシックスシグマを理解していただきたいという想いからでした。

　高度経済成長という偉大なる成功体験は、日本が国際的な競争の舞台で勝負できることを証明しました。その強さの秘訣は製造業が得意とした QC 活動にほかなりませんでした。現場を強くする思想を根づかせた QC も、かつてデミングやジュランから学んだ知恵だとすれば、シックスシグマはプロセスやマネジメントを強化する知恵として受け止めるだけの価値は十分にあるのではないでしょうか？　その目的は、製造業に限らず、あらゆる日本企業が国際市場で生き残るためだといっても過言ではありません。

　自由競争市場である限り、淘汰する側もされる側も、すべてを賭して勝負を挑んでいるのですから、相手がシックスシグマという手駒を 1 つ余計にもっているのであれば、それを知らずにのこのこ出かけていく愚行を犯すことだけは避けるべきではないでしょうか？

現在、私たちのもとにはシックスシグマに関するさまざまな問い合わせが寄せられており、皆様の関心の高さにはただ唖然とするばかりです。これらの声、それこそ私たちのVOCに対して積極的に対応していくため、専門家によるグループを創設いたしました。
　2002年11月に設立した「ジェネックスパートナーズ（http://www.genexpartners.com）」では、皆様の「なぜ？」や「こうしたい」といったご要望にタイムリーにお応えしていく所存です。

　最後になりましたが、今回の執筆に際して多大なるご尽力をいただきました、青木保彦氏、安藤 紫氏、ならびに谷村磨未子氏に心より感謝いたします。さらに本書出版にあたっては、前著に引き続き惜しみないご支援を賜ったダイヤモンド社出版事業局第一編集部の久我 茂氏、同じく制作センターの布施 育哉氏、そして明快なイラストを作ってくださった沢田寛子氏、山田純一氏をはじめとするデザインコンビビアの皆様に、この場をお借りして心から厚く御礼を申し上げたいと存じます。

ダイヤモンド・シックスシグマ研究会
眞木 和俊

監修者略歴

眞木和俊（まき・かずとし）

㈱ジェネックスパートナーズ 代表パートナー。
GE横河メディカルシステム㈱にてブラックベルトを経験後、㈱三和総合研究所に移り、企業コンサルタントとしてシックスシグマの研究と普及に努める。2002年11月に15名のメンバーとともに㈱ジェネックスパートナーズを設立。組織の自律的変革を支援するパートナーとして、行動と成果を生む原動力となることを掲げる。主な編著書に『〔図解〕コレならわかるシックスシグマ』がある。

〈眞木 和俊 連絡先〉TEL：03-5795-3211　E-mail：maki@genexpartners.com

ダイヤモンド・シックスシグマ研究会
——執筆協力メンバー——

青木保彦（あおき・やすひこ）
プロセス改革クラブ

安藤 紫（あんどう・ゆかり）
学校法人産業能率大学 教育・コンサルティング部

谷村 磨未子（たにむら・まみこ）
日産自動車㈱ 市場情報室

［図解］「お客様の声」を生かす シックスシグマ
——営業・サービス編——

2001年 7月26日　第1刷発行
2006年 2月 2日　第4刷発行

監修／眞木和俊
編著者／ダイヤモンド・シックスシグマ研究会

図版製作／デザインコンビビア
装丁／布施育哉

製作・進行／ダイヤモンド・グラフィック社
印刷／信毎書籍印刷(本文)・新藤(カバー)
製本／宮本製本所

発行所／ダイヤモンド社
〒150-8409　東京都渋谷区神宮前6-12-17
http://www.diamond.co.jp/
電話／03-5778-7232（編集）03-5778-7240（販売）

©2001 Diamond Six Sigma Kenkyuukai
ISBN 4-478-37363-9
落丁・乱丁本はお取替えいたします
Printed in Japan

◆ダイヤモンド社の本◆

シックスシグマ入門書の決定版！
［図解］コレならわかるシックスシグマ

ダイヤモンド・シックスシグマ研究会［編著］

決して「シックスシグマ」を難しく考える必要はありません！　身近なテーマと図解でわかりやすく解説するロングセラー。

●A5判並製●定価1575円（税5％）

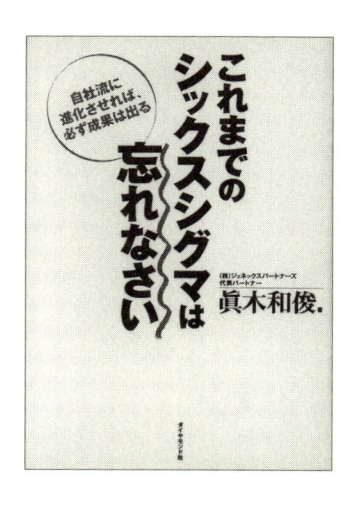

悩めるブラックベルトに贈る福音書
これまでのシックスシグマは忘れなさい
自社流進化させれば、必ず成果は出る

㈱ジェネックスパートナーズ代表パートナー
眞木和俊［著］

GEを夢見てシックスシグマを導入。だけど、形だけ真似ても……。自社流にカスタマイズしてこそ、はじめて成果は出るのです。

●四六判上製●定価1680円（税5％）

http://www.diamond.co.jp/